平凡社新書
1070

# 50代上等!

理不尽なことは「週刊少年ジャンプ」から学んだ

常見陽平
TSUNEMI YŌHEI



HEIBONSHA

# 50代上等！●目次

読者の皆さんへ……7

第1章 50代の憂鬱……15
キムタクも私も50代になった件／いつの間にか「ソフト老害」になっている件
同世代や先輩のリアルな姿からわかること／「同窓会」に参加していますか？
消えていくフリーランス／「自己責任グセ」が止まらない／「就職氷河期世代」というけれど
「不適切にもほどがある！」のだけど／どこにも居場所がない「松井秀喜世代」の私たち

コラム 新しいマナーにどう向き合うか？……74

第2章 50代の希望……77
最高に稼げる時代がやってくる？／年齢をいったん捨てる
会社と社会の変化の目撃者として尊重される
「番頭」「経験者」として頼りにされる／客、消費者として大事にされる
顧問業、大学教授、地方議員など、意外な職業に就くことができる
人間関係が気持ちよくなる／健康に気をつかうのは、案外楽しい／おしゃれが楽しくなる
「サブカル好き」を隠さなくてもよくなる／時間の主導権を握ることができる

「人生の忘れもの」に決着をつけることができる／生きる喜びを実感できる
コラム「理不尽なこと」はすべて「週刊少年ジャンプ」から学んだ……122

## 第3章 50代の処世術……129

「5年後、10年後にどうなっていたいか」を具体的に考える／「エア転職活動」をしよう
「エア移住」をしてみる／自分はもう若くないということを認識する
「ネタ帳」づくりのすすめ／手帳を読み返してみて、今ならできることを探す
評価ではなく、「評判」を大切にする／デキない人に寛容になる
「麻生太郎」になっていませんか？／「語り部」として、何が変わって、変わらなかったのかを伝承する
モーレツに働いた私たちだからこそ、職場の危険を指摘する／浮ついた言葉に騙されてはいけない
「忖度」する姿勢や風潮を次の世代に残さない／「学ぶ」を楽しむ。期待しすぎない
情報に踊らされない50代になる／体育会系気質をこえて／理想の辞め方を考える
コラム 痛いマニュアル本たち……207

## 第4章 50代が生きやすい世の中を！……211

「年齢」に関する常識、基準をアップデートせよ／早期退職、役職定年を見直そう

ベテランが活躍する会社を立ち上げよう／キャリア教育、キャリア形成を支援せよ
50代の「副業」を推進せよ／「番頭」の登用、採用を強化せよ
「老害」を死語に、年齢を非表示にせよ／ロスジェネに青春をもう一度
コラム　私的50代の「To Do List」……247
あとがき……250

# 読者の皆さんへ

「あれ、こんな感じだったかな？　何かちがわないか？」

何度、この言葉をつぶやいたことでしょう。人生が思い描いたように進まないのです。思えば、18歳くらいから、この言葉をつぶやき続けています。節目となりそうな年齢に到達するたびに、想像していた年齢像とはまったく異なり、戸惑うのです。この年齢になれば、もっとお金にも時間にも余裕があって、威厳があって、人生にも悩むことなく、歳を重ねているのではないかと思っていたわけです。

孔子の『論語』には「子曰《のたま》わく、吾十有五《じゅうゆうご》にして学に志し、三十にして立ち、四十にして惑わず、五十にして天命を知る、六十にして耳従《したが》う、七十にして心の欲する所に従いて矩《のり》を踰《こ》えず」とあります。しかし、これまでの人生を振り返ってみると、30歳になったときも、40歳になったときも、50歳になった今も、そんな実感はわきませんでした。もちろん、自立しているわけでも、軸が明確なわけでもなく、目の前のことで精一杯でした。孔子が生きた時代とは前提が違いますが。

なんせ、肉体的にも、精神的にも、社会的にも年齢や加齢のあり方が変わっています。今どきの中高年は以前の中高年よりも、見た目も健康の面も10歳くらい若いと言われています。会社や社会のルールも変わっており、年齢を重ねても安泰にはなりません。「人生100年時代」が叫ばれ、一生働き、学ぶ時代になっています。一生現役社会とも、アンチエイジング社会とも言えます。年齢に応じた老け方、枯れ方を会社や社会が許容していないとも言えます。年齢がバグっている。歳をとれないのです。

一方で「生かされている」と感じる瞬間はあります。想像以上に元気でやっているとも感じます。自分の話で恐縮ですが、さすがに30代、40代の頃よりは老けましたし、健康診断の結果では、たまにひっかかる項目がありますが、なんとか健康です。若い頃は「お前はハゲやすい髪質ではないか」と言われましたが、額も後退しておらず、金髪に近い茶髪で、筋肉もあります。年齢を言うと、もっと若いと思ったと言われることが多いです。

もちろん、加齢を感じる瞬間はあります。なんせ、40代になってから私は性交渉をしていません。夫婦関係は円満なのですが、肉体的にできなくなってしまったのです。若い頃にも、緊張したり、飲酒などの影響で上手くいかなかったりしたことはありました。読者の皆さんにもそんなことは一度くらいあるでしょう。でも、本当に肉体的にダメになってしまったのです。それに気づいてからも、今日は大丈夫ではないかと年に数回トライしたのですが、ダメでした。情けなくて、自分の人生で何かが終わった気がして、全裸でベッドで泣きました。惨めでした。重いことなのに、なぜか会社員時代に異動の内示を受け、その部署での業務が突然終了したときのことを思い出しました。私の人生の中で、性交渉が終了したのでした。

10代の頃に読んだ青年男性向け雑誌、いわゆるエロ本で、年齢を重ねると上手くできなくなる、だから精力剤を使う人がいるとはきいていました。日本でもバイアグラなどED治療薬が解禁されましたが、死亡リスクもあるのではと不安になり、手を出す勇気がわきません。というか、なんとなく恥ずかしい気がするのです。

43歳にして娘を授かりました。妊活に取り組み、顕微授精という体外受精の一種で、性交渉なしで授かりました。5年と数百万円がかかりました。しかも、私の身体は、健常な精子が一般的な数値の50分の1であることを知りました。

この妊活で、「人生でこんなことがあるのか」と現実をつきつけられました。10代の頃に観ていたドラマでは、若くして想定外の妊娠をするシーンがありましたし、デートマニュアル本でも避妊が啓発されていました。「いかに妊娠を避けるか」ということばかりを気にしていたのに、妊娠検査キットを買い込み「今月もダメだったか……」と落胆する日々がやってきて、戸惑いました。仕事の前に、クリニックに行き、朝からアダルトDVDを渡され「採精室」に入り、精液を採取してから仕事を開始する日々は精神的にも肉体的にも辛いものがありました。高年齢出産なので、子供に障がいなどがないか調べる出生前検診、出産の痛みを抑える無痛分娩など、できることはすべてやりました。結果、私たちは子供を授かることができてラッキーでした。子供がいる人生は想像を遥かに超える楽しさですが、子供を授かるためにはここまでしなくてはならないのかと思った次第です。

不謹慎極まりない話ですが、週刊誌で中高年の著名人の不倫報道などがあるたびに、その不倫や報道内容についての是非を考える前に、「そうか、この人はまだ性交渉できるんだ」「いや、性交渉のために、薬を処方してもらっているのか。そこまでするんだ」と別の意味で驚いたりします。

そういえば、高校の先輩、作家の渡辺淳一さんが晩年に描こうとしたのは、インポテンツでした。

実際、今、わたしはインポテンツをテーマに小説を書いている。これは、わたしが70代に入ってから実感したことで、当時のわたしに、もっとも重く突き刺さった問題であった。幸いというべきか、残念というべきか、このテーマを直接書きこんだ作家は、日本や西欧にもあまりいないのではないか。今、わたしはこのテーマを書きながら、人間、そして男と女について根底から考えこんでいる。
（「私の履歴書」『日本経済新聞』2013年1月31日朝刊）

「不能」を乗り越えた先に、本当の愛があるのでしょうか。でも、その「本当の愛」なるものに執着するほど私は暇ではありません。人生、知らないことだらけです。

私生活、なかでも性生活の話が長くなりましたが、生きる、働く環境の変化にも戸惑うばかりです。バブル崩壊、リーマン・ショック、数々の震災に原発事故、大手企業の経営破綻、新型コロナウイルス・ショックなど、本当にいろんなことがありました。人材マネジメントの方針も変化しました。長く在籍し続けても必ずしも課長になれない時代になりました。一方、実力やポジションによっては日本企業においても20代でも年収1千万円が可能な時代になりました。ただ、正規と非正規の格差などは解消策が提案されつつも、根強く残っているのもまた現実です。

思えば、ロスジェネ論壇というものがあり、20年前は私たちの世代の論客が上の世代に退場をせまり、解雇をしてでも席をあけろ、年上の人が給料をもらいすぎだ、年功序列も終身雇用も見直せという論が跋扈《ばっこ》していました。新自由主義の犠牲者が新自由主義者化するという瞬間をみてきました。自分たちがいざ、40代、50代を迎えると、以前、自分たちが主張してきたことが皮肉なことに一部実現しています。自ら、不安定な世界を作ってしまったようにも思えます。

そんな中、私と同じような、就職氷河期世代、第二次ベビーブーマーたちが50代を迎えています。以前は、リタイア手前でしたが、人生100年時代においては、折り返し地点にすぎません。「老後」の概念も変わっています。人生をいかに駆け抜けるか。親の介護とどう向き合うか。さらにその前に、役職定年、定年退職後の再雇用など、年収が下がるリスクをどうするか。年金はもらえるのか。様々な不安が渦巻きます。

この本も当初は、このような50歳以降のリスク、不安を書き綴っていました。私自身、日々、労働問題と向き合っています。就職氷河期世代が直面する理不尽、戸惑いについて問題提起するつもりでした。

しかし、途中から大きく路線を変更しました。問題提起する類書は多数出ています。ただ、たまには希望の話をしてもいいのではないでしょうか。「最後のマス（大量の消費者）」と呼ばれる、人口ベースでは存在感のあるこの世代が、元気がないままだと日本の未来は暗いままです。そして、私たちもこれまでの人生同様に、時代に、会社と社会に翻弄され続けるでしょう。

この本は、50歳以降の人生を少しでも明るくするための処方箋です。私自身が50歳を迎えるにあたって、素敵な人生をおくっている先輩たちに話をうかがいつつ、その秘訣をまとめたものです。一見すると身も蓋もない話も多いことでしょう。また、直面する課題をちっとも解決していないという批判もあることでしょう。私の過去の著作の中でも、もっとも無責任きわまりない本に見えるかもしれません。でも、少しでも明るい未来になるように、希望を持てるようにするためにとの想いを込めて書き綴りました。

第1章では、アラフィフの悩みを書き綴ります。第2章では、これまでの類書にはみられなかった、50代から人生が楽しくなるポイントをまとめています。第3章では、これからの人生の処世術を書き綴っています。そして第4章では、50歳以上の人が生きやすい会社と社会になるための提言を書き綴っています。

私自身、アラフィフであり、就職氷河期世代の当事者です。また評論家として、日々、社会と向き合っています。さらに、大学の教員として、小学生の父として、若い人と向き合い、「育てる」ということに取り組んでいます。

なお、この本では「就職氷河期世代」「ロスジェネ」という言葉が登場します。この言葉が指す世代は教育機関の卒業年ベースでも、年齢ベースでも十数年の広がりがあります。本書では、主に2024年現在50歳である私の前後くらいの年齢層を前提に語っていることをお含みおきください。また、本書でも触れるとおり、この世代は属性や価値観などにより現在のライフスタイルもワークスタイルも多様なのですが、都市部に住み、働く男性中心の視点に偏っていると思います。この前提に、既に批判が殺到しそうですが、お含みおき頂けるとありがたいです。

また「50代」と「アラフィフ」という2つの言葉が出てきます。これらに関しては、「50代」は50～59歳を示す場合に用い、「アラフィフ」は47～53歳を示すときに使用しています。ただ文脈などの関係で「50代」とすべきところを「アラフィフ」としたり、その逆のパターンもありますので、お含みおき頂ければと思います。

原稿の一部は、雑誌(「エネルギーフォーラム」など)や冊子(情報労連の機関誌「REPORT」)、ウェブでの連載に大幅に加筆したものもあります。お含みおきください。

……長くなってしまいました。このあたりで前書き的な文章は締めくくります。

この本が同じような年齢層の皆さんにとって明るい処世術となり、時代を、社会を少しでも明るいものにすることを願ってやみません。

さあ、明るい50代に向けた「楽園のドア」を開きましょう。

# 第1章

# 50代の憂鬱

## キムタクも私も50代になった件

「ちょ、待てよ」

キムタクこと木村拓哉風にこう叫びたいです。1970年代前半に生まれた団塊ジュニア世代、第二次ベビーブーム世代が50代に突入しています。

1974年生まれの、評論家、大学教員を生業としている私もそうです。思えば、10年前に「アラフォー男子」に関する本を書いたときも、前書きは、この「ちょ、待てよ」でした。「成長していないのかよ」と言われそうですが、この感覚は変わらないのです。

キムタクも既に50代です。50代の俳優やタレントは多数いるのに、思わずキムタクが最初に出てくるのは、彼が圧倒的な存在だということと、さらには同世代のスターだという思い入れの強さからです。キムタクは雑誌「an・an」(マガジンハウス)の「好きな男ランキング」で15年連続1位でした。いまや、イケメン俳優は彼以外にも多数いるのに、思わずキムタクを例に出してしまいます。

おっと、いま「イケメン」という言葉を反射的に使ってしまいました。この表現は人を見た目で評価するルッキズムにあたるのではないかということで、現在は不適切だとみなされます。このコンプライアンス重視という世の中の変化に戸惑っているのもアラフィフの現実です。

ビジネスパーソンとしては、先ほどの「イケメン」という言葉のような「使うべきではない」言葉、無意識の思い込みによって生まれる言葉である駄言批判などのように、世の中のコンプライアンス重視の動きに戸惑っている人もいるのではないでしょうか。このビジネスパーソンという言葉も以前は「ビジネスマン」でした。もちろん、これは、男社会前提の言葉です。社会の変化を感じます。

私は別に、よく言われる「コンプラ圧」「ポリコレ厨」的なことを批判しているのでは決してありません。「言葉狩り」的なことを推奨するわけでもありません。むしろ、今まで日本は人権に対して無頓着でした。その件には憤りを感じることもあります。私自身、父親が障がい者手帳を持っていたので、今では使っている人を見かけなくなった、障がい者を差別する三文字の言葉で、お前はその息子だと呼ばれたことがありました。父親はその後、早く亡くなったのですが、「片親」の子という、これまた現在は避けるべき言葉で呼ばれたこともあります。今では「ひとり親家庭」という言い方が定着しつつあります。

世の中の常識が大きく変化することには、自分も人を傷つけていないかと戸惑うばかりです。ただ、実際、皆さんもモヤモヤしていないでしょうか。ときに、言動が矛盾することがあります。ジェンダー平等に関する講演を頼まれた際に、重いテーマなので緊張して打ち合わせに行ったら、担当の方が「息子の嫁は……」と話し出し、「嫁」という避けるべき表現をこのテーマに関わる人が使っていたりして、まだ浸透していないなあと思ったことは何度もあります。この問題について発信している論者にも、言動や論理の矛盾を感じることはよくあります。会社員時代、パワハラや不倫で有名だった上司がコンプライアンスの責任者になったときほどの衝撃はないですが、私たちはときに戸惑い、ときに矛盾を発見しつつ、コンプライアンスと向き合っています。

キムタクの話に戻ります。彼は、年齢を重ねてはいるものの、SMAPが解散し、旧ジャニーズ事務所をめぐる騒動を経た今も、キャラは変わりません。老け役をするわけでも、三枚目になるわけでもなく、その変わらぬ「スター性」いや「キムタク性」を維持しています。もちろん、芸能人ですし、昔も今もスーパースターです。ここまで自分を維持しているのは稀有な存在だと言えます。

さて、キムタクと同世代の私たちはどうでしょうか。幼少期には一億総中流社会、画一化社会などという言葉もありました。なんせ、同世代はたくさんいました。1974年生まれの私には18歳人口ベースで約200万人の「同級生」がいます。第二次ベビーブーマーなのです。

当時はテレビや新聞、雑誌、ラジオといったメディアの力が強く、皆、ほぼ同じようなものを見ていました。もちろん、『8時だョ！ 全員集合』推しのドリフ派、『オレたちひょうきん族』推しのひょうきん族派のように、2つに分かれるものもありましたが、まあ、それくらいのものです。

大手広告代理店の博報堂が「分衆《ぶんしゅう》の誕生」というコンセプトを提案したのは1985年でした。分割された大衆との意味です。一億総中流、画一化が叫ばれていた時代ですが、価値観が多様化、個性化、分散化した時代が到来しているのではないかという問題提起でした。たしかに、ワークスタイル、ライフスタイルにしろ、ファッションなどにしろ、多様な価値観に注目が集まりつつある時代ですが、とはいえ、それは総中流、画一化という軸があってこその、多様化でした。皆、同じようなバラエティ、ドラマ、アニメ、歌番組を見て、ファミコンやラジコンに夢中になり、ある日、CDラジカセやミニコンポを買ってもらい、一部の仲間は楽器を手に入れバンド活動を始めるという、みんなで「ブーム」を分かち合う幸せな10代がそこにはありました。

ただ、20代以降の人生は実に多様です。キムタクのようにずっと変わらないわけではありません。性別、最終学歴、職業、年収、貯蓄、結婚や家族の状況、住んでいる地域や物件などにより、実に振れ幅が大きいのです。

まだ同じ高校、大学、最初の就職先が一緒だった人は境遇が似ていて、話も通じます。一方で、もともとの境遇が似ていたからこそ、「格差社会」を実感することがあります。

先ほど、私たち50代は第二次ベビーブーマーだったと書きましたが、私たちは第三次ベビーブームを起こすことができませんでした。少子化に歯止めがかからず、気づけば若者が少なく高齢者だらけの国になっています。ゆえに、いつまでも自分たちも若者のような気がしています。若者だと感じてしまうのは、上の世代がまだ元気に頑張っていること、そして自分たちの時代が未だに到来していないのではないかという喪失感があるからでしょう。ロスジェネという2000年代に生まれた言葉は、2020年代半ばの今だからこそ、私たちの世代に突き刺さります。

この本を書く際、「50代」という世代を一緒くたに語っていいのかと、私は最後まで悩みました。書きたいことは山ほどあるのに、その一歩が踏み出せず、躊躇していました。「50代」という同じ世代に属していても、立場によって生き方や価値観などがまるで違うのではないか。丁寧な説明をしなくては納得していただけないでしょうし、論者としても大学教員としても失格なのではないかと……。

一方で、「50代」をテーマにした本を待っている人が多数いることにも気づきました。

様々な場で会う当事者たちから「私たちのために本を出してください」「同世代の常見さんが、今の世の中と、自分自身をどう見ているのか知りたいです」という声を多数頂きました。私はそこで決意したわけです。賛否両論呼ぼうとも、一部、まだ決着がついていないわからないことがあろうとも、50代をどう生きるかという、今のモヤモヤを共有しよう、整理しようと。そして、主張しようと。

また、自分たちの「就職氷河期」に終止符を打ちたいとも考えました。「就職氷河期」とは単に求人環境が悪化して新卒時の就職活動がなかなかうまくいかなかったという話だけではないのです。まさに就職氷河期的な何か、ロスジェネ的な何かが私たちの前に立ちはだかり続けているのです。50代の私たちはこれからも、ハシゴを外された、何をやってもだめなんだ、私たちはいなかったことになっていると思いながら人生をずっと歩んでいくのでしょうか。

今の50代が何に直面しているのか。何に悩んでいるのか。そして、どう生きるべきか。考えたいと思います。「50代の地図」を一緒に見てみましょう。

## いつの間にか「ソフト老害」になっている件

なぜ、私たちは、50代になること、50代であることに戸惑うのか。

その理由の一つは、「自分はいつまでも若いと思っている」からではないでしょうか。会社員生活では、入社以来ずっとバブル世代の人たちが私たちの上にいました。また、自分たちの親世代も70代、80代となり、人によっては介護が必要になってきましたが、まだまだ元気です。一方、就職氷河期のあおりや人材マネジメント方針の見直しなどの影響により、職場に必ずしも後輩が入ってきたわけではありませんでした。結果として、いつまでも自分が若いと思いこんでしまっているのです。

これは人口動態、年齢構成上の問題だけではありません。50代は第二次ベビーブーマーであるがゆえに、同級生たちがたくさんいます。「最後のマス」とも呼ばれます。格差社会、価値観が多様化した時代の中で同じニーズを持った塊がたくさんあるのが50代です。そうであるがゆえに、何度も消費のターゲットにされてきました。商品にしろ、コンテンツにしろ、この世代を狙い撃ちにした「おっさんホイホイ」的なものが何度も登場するのです。この本を書いている2024年の春には、TM NETWORKの40周年ライブやCOMPLEXの再結成に、小沢健二のアルバム「LIFE」発売30周年記念ライブというイベントがありました。ビリー・ジョエルも、レッド・ホット・チリ・ペッパーズもクイーン＋アダム・ランバートも来日しました。そこで彼らのライブのチケットやグッズなどについついお金を使ってしまうわけです。50代の私たちの心に刺さる魅力的な商品やコンテンツが出てくるので、50代が消費の中心だと思い、いつまでも自分たちが若いと勘違いしてしまうのです。

とはいえ、私たちは確実に年齢を重ねています。いつまでも若いつもりだったのに、また若者扱いされていたはずなのに、いつの間にか、年齢的には確実に中高年になっているのです。

この本を執筆している2024年に話題となった言葉に「ソフト老害」というものがあります。20代後半〜40代という年齢的には決して老いていない層が職場で老害化している現象を指します。

この言葉の仕掛け人は、鈴木おさむさんです。放送作家として数々のヒットを生み出していた彼は、突然引退を発表します。まだ52歳です。番組づくりの現場で、いつの間にか若い人の価値観が理解できず、自分が老害化したことに気づいたことから、自分を「ソフト老害」と呼んだのです。私も2012年くらいから「若き老害」というコンセプトを提唱しています。もう「老害」に年齢など関係なく、気づけば「老害」になっていて、より若い世代に対して古い価値観で偉そうに接する現象を指摘しました。

ここで「老害」の意味を確認しておきましょう（この本を手に取られている方の大半はご存じだと思いますが……）。簡単に説明すると、「よかれ」と思って、マナーなどを厳しく指導する、威圧的な言動をする、価値観を押し付けるなどの言動をする人を指します。

特に最近の若者から嫌われるのは、昭和、平成の話、さらにはコロナ禍前の話をすることです。もう現在とその頃とは環境が違いすぎますし、環境の変化を努力で解決できるわけではないので、言われっぱなしにならざるを得ません。「ウザい」と思われるわけです。特に飲みの席のマナーなどで「よかれ」と思って言ったことでも若者は「この人は何を言っているのだ」と絶句します。そもそも、飲みの席自体が減っていますし、アルコールを飲まない人も増えています。特に若者は飲まない人が増えています。昔は「まあ、いいじゃないか」と10代後半、特に高校卒業後に飲酒することを黙認していたものでしたが、今どきの若者は20歳になるまでは絶対に飲まない、それ以降も飲まないという人が増えていると感じます。そんな中で勇気をもって飲みの席にやってきたのに、そこで振る舞い方など説教をされると、若者は「威圧的だ」と思うわけです。

こうした「ソフト老害」はなぜ生まれてしまうのか？　それは、世代間ギャップのスパンが短く、細かくなっているからです。若い人ほど、多様なコミュニケーション手段を使いこなしますし、ハラスメントをはじめ、コンプライアンスについて高い問題意識を持っています。それに対して、まだ「老害」の年齢に達していない年齢層の人は十分に常識をアップデートできていません。これは年齢にとらわれずに管理職に登用する人事制度が広がりつつあることの弊害でもあります。若くして活躍し、出世してしまったがゆえに、成長が速い分、通常のその年齢層よりも高い年齢の基準で振る舞ってしまい、結果、老害と化してしまうのです。このタイプは、部下をマネジメントしようと力んでしまい、ついつい指示出しが多くなってしまいます。頭ごなしに怒るわけではないのですが、チクチクとメッセンジャーなどで指摘するというのもよくある行動パターンです。これは笑い話のようで、職場の問題、特に上司や先輩のあり方に関する問題であることを認識しなくてはなりません。いかにもネット界隈で消費されるような現象なのですが、人材マネジメントの変化を物語っています。

では「ソフト老害」にならぬよう、私たちはどうしたらよいか？　まず、若い人が聞きたくもない話を「無意識に」しているということを「自覚」することです。さらに、自分の話は相手にとって面白くなく、役に立たない話だということを認識しておく。それは、昔話（自慢話、成功体験も含む）、説教（愛のある指導も含む）、自分語り（出身地あるある、学歴自慢、家庭の話も含む）です。

「いや、そんなことを言ったら、若い人たちと何も話せなくなるのではないか」という人もいることでしょう。ただ、残念ながら、そのようなことを考えるあなたの話は既に若者にとってみればまったく魅力が感じられないものになっているのですよ。

「ソフト老害」にならない一番手っ取り早い対策は、若い人と一緒のときは、いや、相手が誰であっても、「ひたすら聞き役に徹する」ことです。また、合コンというものが若い人の間に存在していた時期の鉄則、いまでもキャバクラやガールズバーで働く人が実践する、営業をはじめ、ビジネスの現場でも使われている「さしすせそ」、つまり「さすが」「しらなかった」「すごい」「センスいい」「そうなんだ」をフル活用しましょう。若者の話にひたすら、うなずくのです。

一方、ごくたまに「先輩が若い頃の話を聞きたい」という若者がいます。相手に求められたときだけ、昔話を紹介すればよいのです。昔の話が役に立つことが、ないわけではありません。新任管理職としての心構え、局面別の営業の心構えなどです。

ただ、自分から話してはなりません。あくまで、オンデマンドです。自分の話は、たいていは相手にとってどうでもいいという、前提を確認しておきましょう。

一方、最近、中高年に対する「いじり」「ツッコミ」がますます激しいものになっています。よくいじられるのは「おじさんビジネス用語」です。主に中高年の男性が使う、旧態依然とした男社会を象徴するような話し方、ビジネス用語のことです。例として「一丁目一番地」「全員野球」「一気通貫」「ガラガラポン」「えいやで決める」などがあげられます。野球、麻雀などのたとえ、感覚的な言葉が多いことも特徴です。野球、麻雀のたとえが多いこと自体が、中高年が男社会で生きてきたことを物語っていますね。よく、メディア関係者、マーケティング関係者で話題になるのは、昔の広告宣伝のやり方「どーんとやってみる」「ばーんと露出する」などの言い回しです。

もちろん、この手の言動を過度にいじる、中高年いじりも問題です。「老害」という言葉も定着している日本語のようで、これ自体が「エイジハラスメント」です。ハラスメントは問題なのに、中高年の男性だけは「おっさん」として叩くことが容認されているかのような状態もおかしいです。ただ、もはや自分たち50代は既に「老害」扱いされるという現実を直視しなくてはなりません。いつまでも、「自分は若いんだ」と思っていてはいけないのです。

## 同世代や先輩のリアルな姿からわかること

この本のテーマは50代の生き方、働き方を考えることです。読者の皆さんが私に期待しているのは、雇用・労働や、キャリア形成の専門家としてこのテーマを掘り下げ、解決策を提案することでしょう。ただ、既にそのような本は多数存在しますし、官庁や研究所、広告代理店などマーケティング企業、人材ビジネス企業などによる50代、60代のワークスタイル、ライフスタイルを扱ったたくさんのレポートが出ています。

この本でも、これらのレポートで触れられているデータやファクトにも言及はします。一方、あえて等身大の話、もっというと世間話に近い話もとりあげたいです。よりくだけた言い方をすると、茶飲み話、飲みの席での話で盛り上がりそうな話までスコープを広げたいのです。大学教員、評論家が書く本としては、あまりにラフかもしれませんが、身近な話、なかでもモヤモヤする話、納得のいかない話、よっぽど親しい人にしか話せない話なども書き綴っていきます。

私の半径10メートル以内、つまり日常的に会う、あるいは一年に一回程度会う同世代や、年齢の近い先輩の話から始めましょう。アラフィフのリアルについて考える際のヒントになるからです。

私たちの世代は、振れ幅が大きいのです。冒頭でも書きましたが、属性や価値観、置かれている環境により、見える世界は異なります。さらに、私たちは様々なつながりの中で生きています。そのつながりの中で、様々な生き方を疑似体験できます。

ここで、私の身の回りにいる同世代の話をしましょう。「小・中学校（地元の仲間）」「高校」「大学の語学クラス」「大学のゼミ」「過去の勤務先」で一緒だった人々や「仕事上、接点のある人」です。

最初に地元の話をします。私は北海道札幌市のごく普通の公立小中学校に通っていました。当時の札幌では、中学受験をするとしたら教育大附属中くらいしかありませんでした。七大都市の一つですが、今も私立中学は8校しかありません。つまり、受験競争が過熱しているわけではなく、のんびりしていました。地元は、札幌市南区藤野という街です。札幌市内ですし、近くには大きなスーパーマーケットがあったものの、クルマで10～20分走れば、スキー場や温泉街もあるという、つまり、郊外でした。これが普通だと思っていましたが、高校時代の同級生からは「ずいぶん田舎から通っているな」と言われました。いわゆるベッドタウンで、何度か大きな宅地造成が行われ、その度に住民が増えました。一方、今は過疎化が進んでいます。昔の商店が、介護施設や家族葬ホールになっている様子をみて、複雑な心境になります。当時の友人・知人の中にもいまだに実家やその周辺に住んでいる人もいます。

地元の仲間、つまり小・中学校時代の仲間は、現在ほぼ全員、札幌にいます。4年制大学に進学した人は4分の1くらいで、高校を卒業したら専門学校や短大に進む人、地元企業に就職する人が多数を占めていました。またほぼ全員が結婚しており、既に成人した子供を持つ人が多数です。

札幌は七大都市の一つです。大正時代からつい最近まで人口が増え続けていました。北海道新幹線の発着駅が新函館北斗から札幌まで延伸が確定しています。私が生まれる前の

1972年には冬季五輪が開催された都市でもあり、2030年と2034年に開催予定の冬季五輪の再招致活動も行われました。そしてオーバーツーリズムが問題になるほど、世界中から観光客が押し寄せています。「大札新」という名のもと、都市の再開発も行われており、今後、多数の外資系ホテルの進出が予定されています。

地元の友人たちと会うたび、彼ら、彼女らの表情には笑顔が溢れています。とはいえ、アラフィフならではの厳しい現実、仕事の先行き不透明感や、家族の介護の負担などを目の前にしつつ、日々暮らしています。彼らや彼女らの話を聞くにつれ、私はこの地元の仲間の実態や直面している問題は、50代からの生き方、働き方を考える上で大変なヒントが隠されているのではないかと思うようになり、今ではより積極的に話を掘り下げて聞くようにしています。東京など都市部在住の人、しかも大卒の正社員を前提として世代を語ると、とんでもないズレ、誤解が生じてしまうからです。1974年生まれの私の場合、18歳人口ベースで同級生が約200万人いますが、大学、短大進学率は約4割でした。短大に進学する人も30万人弱いました。なお、当時は「短大の方が2年早く社会に出ることができ、寿退職までの時間も長いので就職に有利」さらには「4大卒、一人暮らしの女性は就職に不利」という言説までありました。時代の変化を感じます。

高校時代の仲間の話をしましょう。高校は札幌の都心にある、札幌南高等学校に通いました。いわゆる、旧制の一中・一高と呼ばれる学校で、進学校でした。北海道大学への進学実績は全国トップクラスで、当時は一学年のうち10名くらいが東京大学に入り、20名くらいは医学部に進みました。私が通っていた約30年前と比べると、少子化などの影響で定員は私の頃の3分の2となり、約200人減少し、受験できるエリアも広がりました。当時の仲間たちと会うたびに「今受験したら絶対に受からないよね」という話になります。現在は、旧帝大＋難関国立大に入る学生の比率ランキングで全国トップテンに入るのだそうです。

札幌南高等学校は、文武両道、自由な校風で知られる高校でした。校則はほとんどなく、制服もありませんでした。大学のように休講もありました。私はライダースジャケットに、ロックTシャツにデニムにブーツで楽器を背負って通っていました。学校祭や球技大会のあとは、日本屈指の歓楽街「すすきの」で大宴会を開いていました。大学時代よりも、大学生っぽい生活をおくりました。その学校祭は、大学に負けないくらいに大規模で派手で、教室に石を敷き、日本庭園風にした蕎麦店などの模擬店もありました。なお、売ってはいけないものに「石」がありました。悪い先輩が「頭のよくなる石」として中学生に売りつけたことがあるそうです。本当にそんなことがあったのかは不明ですが……。

同級生たちは現在、何をしているのか。職業や勤務先は非常に多種多様で「振れ幅」は大きいです。会社員がほとんどですが、北海道庁、札幌市役所の職員なども多数います。

日経の人事欄で大手企業や官庁に勤める友人の出世を見る機会もぼちぼちあります。医者、弁護士、会計士などで活躍する人や、才能を活かした仕事、たとえばミュージシャンをしている人や、写真家もいます。一方、高校の同級生の女性は専業主婦も多いです。ほぼ全員が大学に、しかも北海道大学をはじめ有名大学に進学したのですが、必ずしも働き続けているわけではありません。

働き続けている男性もその実態は多様です。出世している人はもちろんいます。出世頭の一人は、地元テレビ局の東京支社長です。イベントなどのヒット企画を連発したうえ、ビジネスでも自社のコンテンツを販売して利益を上げるモデルを確立しました。日本を代表するIT企業の部長、食品メーカーの主要営業所所長などもいます。ほかにも、最先端の医学を研究する者、企業を経営する者など、まさに多士済々です。東大医学部とハーバードビジネススクールを両方卒業し、医療ベンチャーを経営する人もいます。一方、大手企業に勤務していた友人たちは、会うたびに関連会社への出向者が増えてきました。これ以上、昇進・昇格はないという現実にもぶち当たっています。そのためでしょうか。最近、同期会の誘いが増えました。これからの人生が不安なのでしょう。

大学の友人たちも高校時代の同級生の境遇と似ています。私が入学し、卒業した90年代の一橋大学はまだ女性比率が低く、全体で2割に達していなかったと記憶しています。大学の語学クラス、ゼミで集まると、ほぼ男性です。語学クラスのよく会う仲間のうち、数名は日経の人事欄に名前が載りました。つまり、出世したということです。ゼミの同期からは、外資系ＩＴ企業の日本法人社長が誕生しました。一方、高校の同期と同じように、常に先行き不透明感が漂っています。

私の身の回りの話から始まりましたが、ここまでお読みいただいて50代の生き方を考える上での難しさを感じたのではないでしょうか。さきほどからこの年齢層は「振れ幅」が大きいと述べてきましたが、50代は本当にそれが大きく、そうであるがゆえに、生きる上、働く上での悩みの振れ幅も大きいのです。大卒で、都会で暮らす大手企業に勤務する会社員前提で考えていたら、50代が直面するリアルな世界はわかりません。その大卒、都会暮らしの大手企業会社員もまた振れ幅が大きいのです。

一方、この振れ幅の大きさこそが、アラフィフの悩みの本質なのです。10代の頃までは、次々に楽しいコンテンツが投入され、それなりに豊かで格差も少なく中流の意識を持っており、普通に学び、働いていたら普通の幸せが待っていると信じていたわけですが、実際はそうはならなかったわけです。高校時代にバブルが弾け、就職氷河期がやってきました。実際一生懸命勉強して第一志望の大学に入れば、「内地」に出れば、さらには第一志望の企業に入れば、何かが変わると信じていました。実際は、何も起こりませんでした。いや、むしろ想定していたよりも悪くなっていきました。第二次ベビーブーマーだった私たちは、第三次ベビーブームを起こすことができませんでした。そして、「同期」たちはあまりに振れ幅のある人生を送っています。皮肉なことに、多様性のある社会、そのものです。

50代の私たちは、「就職氷河期世代」「ロスジェネ」と呼ばれ、「ハシゴを外された世代」とも評されます。しかし、同世代で集まると、「大人になるまでは人生は楽しかったよな」という話題で盛り上がります。幼少期から高校生くらいまでは、楽しい出来事が次々と現れました。

昔から楽しいことに触れる機会が多かった私たちは、いまでも「最後のマス」と呼ばれ、消費のターゲットにされます。高級プラモデルや復刻版ゲーム機、昔の曲のベスト盤などが売りつけられます。

大学に合格した際に、一人暮らしの準備のために母と上京したのですが、サングラスにパンチパーマでクラウンを乗り回し、営業車の中でも、客の前でもタバコを吸う不動産屋さんは、「奥さん、お子さんがこの大学に合格したら、もうレールに乗ったようなもんだねえ」と語りかけました。若干、照れ、喜びを嚙み締めつつも、「そう上手くはいかないだろう」と思っていました。そして、成人する前後から社会の雲行きが怪しくなっていきました。「就職氷河期」が流行語になり、新卒者の求人が絞られました。また、高卒者の就職も苦戦し始めました。

この「就職氷河期」「ロスジェネ」問題を論じる際には、「世代間格差」だけでなく、「世代内格差」も注目すべきです。2007年にフリーライターの赤木智弘氏が「論座」（朝日新聞出版）に発表した『「丸山眞男」をひっぱたきたい 31歳、フリーター。希望は、戦争。」という論考は、論争の起点となりました。2017年、参議院議員会館で行われた働き方改革をめぐる院内集会では、彼に登壇して頂きました。彼は10年という年月が経ってもロスジェネ世代の雇用、労働、生活の問題が解決されていないと訴えました。

また、「中年フリーター」問題も顕在化しており、これは「世代内格差」そのものです。将来的には、彼ら彼女たちは親の介護や自分自身の老後の問題と直面することになるでしょう。いや、既に直面し始めています。

このような問題を自己責任論で片付けるべきではありません。ロスジェネや世代内格差を無視することはできません。格差をどう是正するか、そして排除型社会から包摂型社会を目指すために何ができるかを真剣に考える必要があります。これは私たち全員の関心事であり、自分ごととして真剣に考えるべき課題です。

「人生こんなはずじゃなかった」「昔はみんなで肩を組んで笑うことができたのに」そんな感情を胸にずっと違和感を抱きつつ生きてきて、そして気づけば想像とはまったく異なる人生を歩んでいる。これが今どきのアラフィフの私たちなのです。

## 「同窓会」に参加していますか？

皆さんは「同窓会」「同期会」「クラス会」などに参加していますか？　アラフィフにとって、このようなイベントは、必ずしも心地よいものではなく、格差を可視化するものなのです。

学校や会社の同期との集まりは、大規模なものからゼミやサークル、友人グループまで多岐にわたります。また、「同期会」とはやや異なりますが、企業などで同じ部署だった同世代を中心としたグループもあります。たとえば、「95年の関東営業部横浜営業グループ平井チーム」のように、ある時期に同じ部署に所属していたつながりです。

今や若者はほぼ使っていないFacebookを覗くと、日々、様々なこのようなイベントが投稿されています。学校や会社の同期と毎日のように会っていて、よく飽きないなと感心します。それだけ結びつきが深いと、まるで家族のようなつながりとなるのでしょう。

一方で、この同窓会というものは、アラフィフに冷徹な現実を突きつけます。『島耕作』シリーズや『黄昏《たそがれ》流星群』など、中高年の生き方に関する作品を精力的に発表している弘兼憲史氏の作品には、よく同窓会のシーンが描かれます。この同窓会についての喜怒哀楽を目一杯盛り込むのが、弘兼流なのです。

そもそも同窓会に人が集まらないこともあります。卒業30周年や◯◯先生の定年退官祝いなどというメモリアルイヤーであったとしても、です。

同窓会にはお金がかかります。ホテルや高級レストランなど、しっかりした会場で行うと会費は7千円から1万円程度かかります。さらに二次会や交通費などを含めると2万円以上かかることもあります。中高年になって、年収が増え、貯金があっても、1、2万円をポンと支払うことは簡単ではありません。子育てや介護などでお金も時間もかかり、それどころではない人もいます。「懐かしい再会」ができるのは、「勝ち組」か、よっぽど愛校心が強い人であるといえるでしょう。

また、連絡が取れないこともよくある話です。誰もがSNSを利用しているわけではなく、実家を引き払っている人もいます。連絡を取りたくないという人もいます。

コンテンツの世界では、同窓会で再会した男女が青春時代のことを思い出し、互いに配偶者がいる身であるにもかかわらず燃え上がるという描写がよくあり、「焼け木杭」と言われることもあります。しかし、実際は会ってがっかりすることもよくあります。人は歳を取るので、10代の頃の美男美女も若い頃とはまったく違う姿になっています。太っている人もいれば、髪が薄くなっている人もいます。なんせ、人生の紆余曲折を経て、丸くなるどころか、牙を抜かれたように大人しくなった人もいるわけです。よく、中学や高校の卒業写真をお面にする、名札に印刷するなどという盛り上げ策がありますが、残酷な面もあります。

私は同窓会には参加します。中学校では生徒会長だったので、大同窓会を主催したこともありました。高校の同窓会では、自分で言うのも恥ずかしいのですが、評論家として活動する立場からトークショーなどを行ったこともあります。大学の同窓会でも、大同期会でスピーチをしたりすることもありました。語学クラスの集まりは私が主催していますし、ゼミのOB・OG会では代表幹事を務めています。ただ、節目となる年の開催でも全員が参加しないこともあります。高校の大同窓会の幹事だった年の参加率は3分の1くらいでしたし、中学校の多くの人が40歳になった年の大同窓会もそれくらいの参加率でした。

一方で、私も含め、同窓会に頻繁に参加する人がいます。これらの人は「勝ち組」なのでしょうか。たしかに、昔の仲間と堂々と会うことができ、実質数万円の参加コストを払うことができるという意味では「イケてる人」に見えるかもしれません。しかし、過去にしがみついているようにも見えます。部活の思い出は素晴らしいし、学園祭の思い出は美しいです。利害関係なく会える仲間がいるのは素晴らしいことですが、傷を舐め合っているようにも見えます。大いなるマンネリを生きているようにも……。

## 消えていくフリーランス

会社員を前提とした話が続きました。フリーランスの話もしましょう。

フリーランスとは、仕事の依頼主と契約を結び、自らの能力や技術を活かして仕事を行う人々のことです。一口にフリーランスと言っても仕事は幅広いです。コンサルタント、デザイナー、ライターなど、いかにもシェアオフィスやカフェでMacBook Proを前に仕事をしていそうな人だけではありません。フリーランスという立場でドライバーや大工など肉体労働に従事している人がいることも忘れてはいけません。

２０１０年代後半から政府も経済団体も副業やリスキングを推進しています。その背景にあるのは、人手・人材不足があげられます。さらには、人材の多様化もその一因です。成長産業に人材を送り込もうとしている一方で、現在、会社員として働いている労働者のフリーランス化を促そうとする意図も見え隠れします。雇用と請負は概念が明確に異なります。雇用されている労働者は労働法上、保護されますが、請負は商法上のものとなり、労働基準法の適用外となります。端的に言えば、「定額使い放題」になります。フリーランスはより自由な働き方をする一方で、安定した収入や労働条件の保護が不十分であることを意味します。依頼主である企業からしても、案件ベースで依頼しやすくなり、人員を抱え込まなくてすみます。

２０００年代に入ったころ、ダニエル・ピンクの『フリーエージェント化する社会の到来――組織に雇われない新しい働き方』（ダイヤモンド社）が世界的に注目されました。日本においても、フランチャイズ加盟による脱サラ、フリーランス、インディペンデント・コントラクター、ノマドなど、「雇われない働き方」は何度も注目され、時にブームになりました。

「雇われない働き方」は時間の自由を手に入れた上で、自分の腕で存分に稼ぐことができるという「大統領のように働き、王様のように遊ぶ」生活を手に入れられる可能性はもちろんあります。ただし、年齢を重ねると厳しくなることがあります。50代の会社員が社内でお荷物扱いされるのと同様に、「雇われない働き方」をしている人も、徐々に仕事が減っていきます。

もっと具体的に説明しましょう。これは、私自身も、まわりにいるフリーランスも経験したことです。フリーランスには40代、50代の壁というものがあります。20代、30代は若さ、勢いで売れます。同世代や少し上の世代の人が、自分をフックアップしてくれます。

若いので、まさに寝食を惜しんで仕事をするし、同業者との飲み会にも参加し、その場で仕事をもらうこともできます。20代、30代のフリーランスは、体力と気合、人脈にモノを言わせれば売上ベースで１千万円を超えることは簡単なので、ついつい調子にのってしまいます。

一方、40代、50代になると、仕事の依頼主が管理職になったり、退職したりして、若い担当者がつくようになります。彼ら彼女たちにとって、年上のあなたは仕事を頼みにくい存在になっていきます。いや、実際には仕事がくるのですが、フリーランスの当事者たちは「自分は使いづらい存在になっていないか」と自らの存在を疑い、自分を追い込んでしまいます。また、担当者の交代により方針が刷新されることになり、企画ごと自分の仕事がなくなることがあります。自分自身も環境の変化に対応できなくなっていきます。どの分野においても、どんどん若い才能がデビューしていきます。体力的にもきつくなっていきます。このような状況に陥ると、ストレスや鬱などにより、心身の健康が危うくなることがあります。結果として、フリーランスとしての仕事を続けることが困難になり、再び会社員としての働き方を選択する人もいます。

この話を読んでいるだけでつらくなってきたことでしょう。私も書いていていてつらくなってきました。ただ、このつらさこそ共有したいのです。仕事が減る、担当者が変わる、周りの仲間も退場していく、心身ともにつらくなる。結果として体調を崩したり、鬱になったりします。仕事を受けられなくなっていきます。仕事を休まざるを得なくなっていきます。ますます仕事が減り、忘れられていきます。このようなスパイラルにハマっていき、結果として、フリーランスとして取り組んでいた仕事を廃業せざるを得なくなることもあります。自由になるために、稼ぐためにフリーランスになったのに、会社員に戻る人がいます。

「物書き」という、やや特殊な仕事の事例で恐縮ですが、半径10メートル圏内で消えていく物書きを多数、目撃してきました。若いうちは本人の才能や努力もあり注目されます。売れるチャンスもやってきます。デビュー作などがスマッシュヒットして注目されることもあります。ただ、そこで依頼が殺到し、消費されていきます。クオリティの高さを維持できず、同じようなアウトプットが増えていきます。気づけば飽きられていきます。ただ、下手に一度売れてしまったがゆえに、駆け出しの頃にしていたような、確実に収入につながる名前の出ない仕事などがやってこなくなります。仕事も収入も減るスパイラルに陥ります。しかも、どんどん若手の書き手が現れます。テーマとするものが深められず、広げられず迷走します。感覚も古くなっていきます。気づけば仕事がなくなっていきます。

私自身、そんなスパイラルに陥ったことがあります。会社員と兼業で著者として活動していたのですが、会社を辞め、大学院生をやりながら3年だけフリーランスで活動したことがあります。売上はすぐに2千万円くらいまでいったと記憶しています。ただ、生活は荒れていました。死ぬほど働き、ストレス解消のためにアルコールを飲み、タクシー移動ばかりになるわけです。だんだん、アウトプットもまるで〝お茶の出がらし〟のようになっていきます。

当時の私は勢いがあったと思います。でも、今よりずっと嫌な奴、バランスの悪い奴だったと思います。お陰様で、今の勤務先の大学で専任教員として採用され、大学に所属しつつ評論家活動をするという、30代に思い描いていた働き方を実現することができました。着任当初は、大学以外の仕事の売上が、大学からもらう給料を抜いていたこともあります。今は、学内の仕事が忙しくなり、外の仕事も講演、メディア出演以外は減りました。特に全盛期は月に20本書いていた連載は、不定期のものを含め数本に減りました。メディアごと連載が消えたことも何度かありました。全盛期ほど稼いではいません。でも、周りに一緒に働く仲間がいて、ちゃんと6時間の睡眠時間を確保し、家族とも円満で、趣味の音楽活動に没頭できる今の生活に満足しています。

私は売れ始めの物書きに会うたびに、必ず「消費されるなよ」「ちゃんと残れよ」とアドバイスしています。自分自身がいかに消費され、消耗したかも伝えます。ただ、残念ながら、たいていは消費され、消耗し、消えていきます。「消」が多い世界です。いきなりフリーランスや、著者の話を聞かされて戸惑っている人もいるでしょう。しかし、人が消費され、消耗していくプロセスは多くの示唆に富んでいます。消えていく人から学ばなくてはなりません。

## 「自己責任グセ」が止まらない

同世代から日々、キャリアに関する悩みを打ち明けられます。会社に勤めていると50代になって肩叩きにあうという体験もあるわけで、役職も年収も下がる可能性がある悩みというものもあれば、逆に出世したが故に苦しくなる人もいます。

なぜ、彼ら彼女たちは生きづらいのでしょうか。その理由の一つが「自己責任グセ」です。この本を書くために、同世代と会うたびに、同時多発的にこの件が話題となりました。将来の不安、自分を取り巻く環境の先行き不透明感など、必ずしも自分に非がないことまで、自分のせいだと思ってしまいます。職場や仕事の問題、家族の問題も、何もかも自己責任だと思いこんでしまい、うまくこなせない自分を責めてしまうのです。

「自己責任」とは極めてロスジェネ的、アラフィフ的な言葉です。格差や貧困など苦しい環境におかれている人に対して、「それは自己責任だ」と批判、揶揄する場面などで使われるこの言葉ですが、実は流行したきっかけはこのような文脈ではありませんでした。この言葉が広がったのは２０００年代前半でした。特に２００４年４月、戦闘が続くイラクで発生した武装グループによる日本人人質事件で、ジャーナリストの安田純平氏（彼は大学の先輩で、在学中も交流があったので、卒業後、彼の名前がメディアに溢れびっくりしました）などが拉致され、捕虜になった事件がきっかけとなり、頻繁に使われました。政府の勧告を無視してイラクに向かったのだから、自業自得だという議論が盛り上がったことは皆さんも記憶にあるかと思います。彼らが果たそうとしたイラクの子供たちへの支援や真実の報道という目的は無視され、政府に迷惑をかけた（とされる）ことだけがクローズアップされたのです。「自己責任」という言葉は２００４年に「ユーキャン新語・流行語大賞」でトップテン入りしました。

この「自己責任」論は、小泉・竹中改革などの新自由主義的な政策、成果主義の導入など人材マネジメントの変化、さらには起業・上場で巨万の富を得たＩＴ長者の登場とメディアでの露出などと相まって広がりました。常に競争にさらされ、もしうまくいかなかったら自分が悪いということになってしまうのです。ちなみに、この言葉を当初、使った政治家の一人が、当時、初めて閣僚になったばかりだった現・東京都知事の小池百合子氏です。

「自己責任」論とは、簡単に言うと「お前が悪い論」です。収入が増えないこと、勤務先の経営が傾くこと、非正規雇用で働くことなどすべてが「お前が悪いからだよね」ということで片付けられてしまう。自然災害に遭遇した場合でも、「地震の多いエリアに住んでいるお前が悪い」「津波の被害の確率が高いエリアに住んでいるから自己責任」と切り捨てられるわけです。なんとも酷い話です。人間としての優しさ、労り、他者への想像力や配慮というものがこれっぽっちもみられません。ちなみに私の過去の勤務先のリクルートでは「雨が降ってもお前のせい」という言葉が当時、真顔で語られていました。なんとまあ、理不尽なことでしょう。そして、私は途方に暮れました。

失われた時代と言われるほど、90年代前半から2010年代にかけて日本経済は悪化していきました。環境が悪化していることについては、私たちではどうすることもできません。しかし、そこで50代の私たちは勤務先から厳しい目標を押し付けられ、それをクリアできなければ自己責任と切り捨てられる。こんなことを繰り返してきたから、50代には自然と「自己責任グセ」がついてしまったのです。

もっとも、「自己責任」という言葉の使い方が適切なのか、本当に「自己責任」なのかは疑ってかからなくてはなりません。「自己責任」という言葉は本来、「リスク」をとって行動した者が自ら「結果責任」をとることを指します。一方、この言葉が使われる場面では単に「責任転嫁」のために使われている例も散見されます。

「その選択をしたのは、あなた自身だ。やはり自己責任だ」という意見もあるでしょう。ただ、少しだけ冷静になってほしいのです。その「選択肢」は本当に自ら選んだものなのでしょうか。「消去法」で選ばざるを得ない場合もあったはずです。格差の象徴とされる非正規雇用ですが、就職氷河期や、人材マネジメントの見直しにより正社員の求人が明らかに少ない場合、育児・介護との両立のためなど、選ばざるを得ないこともあるのです。よくある「正社員の求人があるのに、応募せずに非正規雇用を選ぶのは自己責任ではないか」という論ですが、その求人内容が過酷な仕事だとわかっているとしたら、どうでしょう。正社員という現在のシステムが硬直的、排他的であるがゆえに参入できず、必然的に周縁化する場合もあるわけです。なお、これは正規・非正規という雇用形態の話に限りません。過酷な働き方にしろ、さらには不正行為にしろ、自ら選択したようで、勤務先からそう追い込まれることがあるわけです。

　これは「自己責任」ではなく、「社会責任」とは考えられないでしょうか。本来、社会が支えなくてはならないことについて、行政の対応が追いつかない状態の方が問題ではないでしょうか。百年に一度の変化が毎年起こる時代です。社会の変化に行政がついていけないのもしょうがないかもしれませんが、なにもかも「自己責任」だと片付けてしまうのはおかしくないでしょうか。無責任です。

ただ、この「自己責任」に染まりきっていることこそ、アラフィフの不幸の源でもあります。この「自己責任グセ」が抜けないゆえに、50代の私たちは自分で自分を責めてしまうのです。自責と他責という考えがあり、自責の念が薄い人は無責任、いい加減だと評価されがちです。うなずける部分もあります。ただ、これは本当に自分のせいなのか、自分が悪いのか、立ち止まって考えたいのです。それは、あなたではなく、会社や社会が解決するべきことかもしれないのですから。愛を取り戻すのです。

## 「就職氷河期世代」というけれど

就職氷河期世代の話をしましょう。2020年代に入り、この世代が50代になり始めています。ここでは就職氷河期および就職氷河期世代、ロスジェネとは何だったのかを考えましょう。

「就職氷河期」という言葉の初出は1992年の11月です。リクルートが当時発行していた大学生向け就職情報誌「就職ジャーナル」に掲載されたものでした。この言葉を仕掛けたのは、当時の編集長で、その後は書籍情報誌「ダ・ヴィンチ」を立ち上げ、さらには自身も作家デビューする長薗安浩氏でした。この言葉は1994年に「流行語大賞（現・ユーキャン新語・流行語大賞）」の特別造語賞を受賞しています。

もっとも、流行語は常に本来の意図とは異なる広がり方をすることがあります。それくらい、言葉には力があるとも言えるわけです。この言葉は、様々な誤解を招いている言葉なのです。

リーマン・ショック、新型コロナウイルス・ショックなど新卒学生の求人倍率が悪化し、就職活動が厳しい環境になるたびに「就職氷河期再来」という言葉がメディアに載ります。誕生してから約30年にもなるのに、新型コロナウイルス・ショックに合わせてこの言葉が使われていることに、この言葉が定着、浸透していると感じました。ただし、「就活が厳しくなる」程度でこの言葉を使っていたとしたならば、不適切です。本来の意味とは異なるからです。

「就職氷河期」は、もともとの「氷河期」に由来します。つまり、地球の環境が劇的に変化し、これまで我が物顔で地上を闊歩していたナウマンゾウなどがバタバタと倒れていくほどのインパクトだったということです。単に求人倍率が悪化しただけではなく、環境が劇的に変わり、壊滅的な影響を与えるレベルの変化のことをさすのです。

景気の循環による悪化ではなく、環境、構造の変化を伴うのもポイントです。短期的な話ではなく、長期的なものです。実際、90年代前半から２０００年代半ばまで大卒者の求人倍率が低い状態が続きました。2008年のリーマン・ショックの影響を強く受けた代はせいぜい4、5年でした。2020年の新型コロナウイルス・ショックに至っては、影響が直撃した航空会社、旅行代理店、宿泊施設などでは採用活動の中止や縮小などが相次ぎました。とはいえ、新卒の求人倍率は1・5倍台で、〝快晴〟から〝薄曇り〟に転じた程度でした。就職氷河期と呼ばれた期間においては、求人倍率が1・3倍以下の状態がほぼ10年続き、しかも2000年には初めて1・0倍を切ったこともありました。さらに2000年代前半には、文部科学省の「学校基本調査」において就職も進学もしない人が2年連続15%以上ということがありました。

なお、ここで確認しておきたいのは「就職氷河期」の初出は1992年で、新語・流行語として賞を受賞したのは1994年ですが、最も深刻化したのは誕生から約10年後だということです。また、リーマン・ショック、新型コロナウイルス・ショックなど大卒者の求人が悪化する大きな事件がありました。ただ、求人倍率、内定率などは就職氷河期の後期ほどはひどくなかったです。というのも、企業と大学の対応が変わったからです。

企業側は、採用を抑制すると人員構成がいびつになり、企業活動に悪影響を与えることに気づきました。採用活動をストップすると、大学とのリレーションが弱くなったり、採用のノウハウが継承されなかったり、求職者である学生に対する理解が弱くなるなどの弊害が確認されました。そもそも、日本の労働市場は雇用の流動化、なかでも業界・企業間の労働移動が進んでいるわけではないので、優秀だと目される人は新卒一括採用で囲い込んだ方が効率がよいという指摘もありました。

大学などの就職支援が充実したのも就職氷河期の後期からでした。２０００年前後に就職課がキャリアセンターに改組されました。「就職」ではなく「キャリア」とうたうからには、出口の就職実績だけではなく、キャリア形成をいかに考えるか、支援するかという点に重きをおいたものではありますが、それは前提であって、実際には就職率をいかにあげるかに注力するものでした。低学年からガイダンスがあり、インターンシップの紹介などもある上、カウンセラーが常駐し、いつでも面談を受けられる状態になっていました。企業から大学に届く求人を紹介するだけでなく、企業を開拓するアクションまで担いました。なかなか内定が出ない学生をとことんサポートする体制ができました。これにより、リーマン・ショックや、新型コロナウイルス・ショックがあっても若者が就活に集中できる体制ができました。就職氷河期の初期・中期とは環境が大きく異なります。

「就職氷河期」の話に戻ります。単に求人倍率が悪化したという話だけではなく、正社員に求める要件の変化なども「就職氷河期」に起きたのでした。１９９５年には当時の日本経営者団体連盟が『新時代の「日本的経営」――挑戦すべき方向とその具体策』（以下、

『新時代の「日本的経営」』としました）を発表しました。日本の雇用システムを見直す提案です。内容のほとんどは正社員のあり方に関するものです。「長期蓄積能力活用型グループ」「高度専門能力活用型グループ」「雇用柔軟型グループ」という3つのグループに分けるという提案でした。これが非正規雇用の拡大という批判を呼んだのですが、実際は正社員の要件定義の見直しが行われ、これが採用基準の見直しにもつながります。

私は、大手企業の入社式での社長のスピーチの研究をしたことがあります。明確に社長のスピーチの内容が変わるのは1996年、つまり『新時代の「日本的経営」』が発表された1年後です。「プロ意識を持て」「会社人間になるな」という危機感を煽《あお》る訓示が中心となりました。入社式とは、正社員である場合、長期雇用のスタートを象徴するものでしたが、会社に入っても安泰ではない時代の到来を告げるものとなっていました。丸紅の鳥海巌社長（当時）は「会社人間ではこれからの時代は通用しない」「野茂やイチロー選手のようにエンジョイしながら仕事をし、結果を出す。これが本当のプロ」と発信しています。東京三菱銀行（現・三菱UFJ銀行）の高垣佑頭取、清水建設の今村治輔社長（いずれも当時）のように、「真のプロを目指せ」と鼓舞するものやNTTの児島仁社長（当時）の「会社のためになる前に、自分がしっかりしたものになってほしい」のように、「即戦力になれ」「自立しろ」と言わんばかりのメッセージも発信されました。さらに、翌年の19

９７年には出光興産の出光裕治社長（当時）が「君たち自身が会社」というメッセージを発信しています。「会社があって、その会社に貢献するのではなく、君たち自身が会社そのもの」と語りました。この年に、山一證券や北海道拓殖銀行の経営破たんがありました。詳述すると、これだけで一冊の本となってしまいます。ただ、会社に人生を預ける時代ではなくなったこと、正社員に求められる力が変化したことがわかります。

「就職氷河期」という言葉は、求人倍率が悪化するたびにメディアで紹介されます。それくらい、この言葉は広がり、定着しました。ただ、本来は単に「就職が厳しくなった」というだけの話ではなく、劇的に構造が変化したという事実を忘れてはなりません。「就職氷河期」は時期によって深刻度も、社会の状況も異なります。さらには、この教訓を経て、大学や官庁・自治体の就労支援施策も充実してきたことを忘れてはなりません。

政府は２０１９年になってやっと、年齢を重ねた就職氷河期世代の就労支援に乗り出しました。第二次安倍政権の末期に決まった政策でした。国の予算がつき、各自治体において就職氷河期世代の未就業者、非正規雇用での就労者に向けて、正社員で就労できるようにキャリアカウンセリングや職業訓練、さらには就職氷河期世代を積極採用する企業とのマッチングなどの施策がつくられました。自治体によっては、就職氷河期世代を対象とした職員の採用枠が設定されました。

もっとも、この施策が有効だったかどうかという点については疑問が残ります。私はこの施策について、各地で就職氷河期積極採用企業向けの勉強会に講師として登壇したほか、施策の評価をする評議員を務めました。そこで見た現実を赤裸々にお伝えします。

就職氷河期世代の未就労者を救うという趣旨だったのですが、セミナーもカウンセリングも、マッチングイベントも閑古鳥が鳴いていました。この世代の未就労者は多数いるはずだったのではないでしょうか。セミナーやカウンセリングに参加した方が、その後の選考に現れないということもよくありました。私が評議員を担当した自治体では、事業として目標としていた動員人数、マッチング人数にはまったく届きませんでした。

一方、自治体職員の就職氷河期枠は応募が殺到しました。200～300倍ということもありました。これは超人気企業の新卒採用の倍率に匹敵します。ただ、就職氷河期世代で、正社員としての就労経験のない人、非正規雇用でしか働いたことがない人に、この競争は酷ではないでしょうか。2000年代前半の大学を卒業したのに、就職も進学もできなかった人が2割弱いた時代を思い出すかのような、過酷な競争であり、心が折れてしまうではないですか。

ちなみに、私の友人もこの公務員の募集に応募していました。南山大学を卒業し、新卒でメガバンクに入行し、15年以上働いていた女性でした。妊活のため、30代後半で退職しました。もう一度働こうと思い応募し、数百名の応募の中、上位10名前後まで入りましたが、不採用でした。

ここまで読んでモヤモヤしている読者も多いことでしょう。これは、本当に有効な就職氷河期世代支援といえるのでしょうか？　応募が少なすぎる民間企業への就職支援施策と、応募が殺到し、人気企業を超える倍率になる地方公務員の就職氷河期枠採用、ともに希望を感じられるものではありません。

例によって、「国が支援するのに、その施策に参加しないのは自己責任だ」という声が出てきそうです。ただ、そうでしょうか。この、「せっかく支援しているのに、当事者が参加しない」という問題については、楽観的にも悲観的にも分析できます。楽観シナリオとしては、実は就職氷河期世代の人は、現状は就職か結婚のいずれかができているのではないかという可能性です。前述した、私が支援した就職氷河期世代向けのプログラムにおいて、各エリアで支援が必要な人の人数は、必ずしも正確に計算することができませんでした。既に就職しているか、結婚して専業主婦か、派遣、パートなどで働いているがゆえに支援の必要がないという可能性はあります。

一方、現状、非正規雇用で働いている人はその仕事に関わるのが精一杯で、転職活動をするための時間とお金の余裕がないのです。これが当たり前だと思っているがゆえに、正社員の仕事を目指そうという意欲もわきにくくなります。これは日本の雇用システムの問題ではありますが、正社員である場合、労働力を提供するだけでなく、全力で会社にコミットしなくてはならなくなります。自分のペースで仕事をできるわけでもありません。就職氷河期世代の支援に名乗りをあげた企業には拍手をおくりたいです。ただ、明らかに不人気業種、離職率の高い業種の求人も多くありました。正社員の方が給料がよい、安定していると思われるかもしれませんが、その代償はハードルとしてのしかかることがありま す。「正社員になるチャンスがあるのに、なぜならないのか」という批判は一見するともっとものようですが、このようなシステムの問題を直視しなくてはなりません。

そもそも、この政策、施策の情報が当事者に届かないという問題もありました。ハローワークでの告知、チラシ、ポスター、地方紙への広告出稿、ネット広告の出稿などありとあらゆる策を打ちましたが、イベントへの集客、求人への応募は目標を大きく下回る結果となりました。これは就職氷河期世代に限らない話ですが、メディアへの接触機会が多様化し、情報が届きにくくなった、そのことが如実に表れてしまったと言ってもよいでしょう。皆さんも、耳よりな情報を知らなかったということがよくあるでしょう。

2020年代の日本は若者の雇用不安は以前ほど深刻ではなくなりました。新型コロナウイルス・ショックが直撃したものの、企業の若者に対する採用意欲は極めて高いです。新卒の初任給は1ヶ月分の基本給が25万円をこえる企業も増えてきました。配属先を希望通りにすることにより、早期離職を防止するだけでなく、やりたい仕事で思う存分活躍してもらおうと取り組む企業も現れました。私たちの頃とは大違いでいたれりつくせりです。

景気が悪くなるたびに、求人数や求人倍率が悪化するたびに叫ばれる「就職氷河期」再来ですが、正直、言葉の使い方が軽いです。就職氷河期は単に就職が厳しかった以上の何かをこの世代の当事者にもたらしているのです。

## 「不適切にもほどがある！」のだけど

この本を書き始めた２０２４年春に話題となったドラマは、宮藤官九郎による『不適切にもほどがある！』でした。いわゆるタイムスリップもので、１９８６年と２０２４年を行き来し、そのワークスタイルやライフスタイル、価値観、コンプライアンスなどの違いを浮き彫りにするものでした。放送のあとはSNSがざわつきました。話題となるたびに、地上波ではなくサブスクの視聴者が増えていくというのも、２０２０年代的、令和的な光景でした。昭和から平成初期の職場では喫煙しながら仕事をしている人が多数で、パワハラ、セクハラ発言は平常運転で、「スピーチとスカートは短い方がいい」なんてセリフも飛び交う描写に絶句しました。性交渉のことを「チョメチョメ」「ニャンニャン」と呼ぶことに脱力してしまいました。一方、令和のオフィスでは、部下に対して良かれと思ってやったことがハラスメント扱いされる、そんな様子も描かれていました。

同時に、懐かしいとも思った次第です。昭和のカルチャーの描写がリアルで、アラフィフはざわつきました。昭和後期の10代がハマったものが、見事に描かれていました。フィクションであるがゆえに、誇張されている部分はあるものの、思えば昭和は様々なことがいい加減だったような、おおらかだったような気もしますし、一方で男性社会であり、人権に対して無頓着な時代でした。このコンプライアンス、ハラスメントに関する考えの違いについては赤裸々に描かれていました。最終回では「この作品は不適切な台詞が多く含まれますが時代による言語表現や文化・風俗の変遷を描く本ドラマの特性に鑑み2024年当時の表現をあえて使用して放送しました」というテロップが出て話題となりました。そう、このドラマで描かれた、一見するとコンプライアンスが厳しく息苦しい令和の時代も、将来、振り返ると不適切だったとなるのでしょう。

私自身が以前は民間企業の人事担当者をしており、今は大学教員であり、女性だらけの家庭で主夫をしているので、いい加減に生きているようでコンプライアンス重視の環境に慣れているわけです。このドラマをハラハラしながら見ていました。同時にモヤモヤした気分になるシーンも多かったです。そんなに昭和は素晴らしく、令和は窮屈なのかと。ドラマを見た人が「令和はコンプライアンスがうるさいから、昭和がよかった」といった雑な議論をするのが嫌でした。令和になって、コンプライアンスが重視され、人権が尊重される社会になったかというと、あくまでポーズであって、実際にはそうでもありません。皆さんの会社でも、コンプライアンス、ハラスメントなどの対策が厳しくなる一方で、相変わらずの昭和的な光景も残っていてモヤモヤしているのではないでしょうか。

ドラマの終盤に主人公が昭和の子供たちに「みんな卒業おめでとう。こんな時代に生まれてお前ら可哀想だな。どこ行ってもタバコ臭えし、連帯責任だって引っぱたかれて、やっと卒業だ。でも安心しろ、お前らの未来はおもしれえから。俺みたいな不適切な暴力教師がいなくなるし、こうツルッとしたのでUber（ウーバー）呼んだら家でビッグマック食える。そんな時代でも大人は子供に、こんな時代に生まれて可哀想だなって言うんだよ。そんな大人の話は聞かなくて結構。代わりに今日は特別に、お前らにだ、遠い遠い未来の音楽聴かせてやるから」とスピーチをします。ドラマを集約したような、感動的なセリフではありました。ただ、たしかに昭和の時代から変わってよかったことも多いけれど、実際はまだまだ昭和的な何かは根強く続いていて、今も息苦しく感じます。

もちろん、令和のコンプライアンス縛りも息苦しく感じる人がいることでしょう。ただ、あれもこれもセクハラだ、パワハラだ、と言われるんじゃないかと萎縮するのは、言葉だけが一人歩きして、本当に大切な「人権」のことなど意識されてないからではないですか。

相手を尊重しないまま、刺されないことが目的化している。それが、世の中変わったようでいて、根本的な課題は解決されていない理由ではないでしょうか。

いま昭和が再評価される現象には理解できる部分もあります。バブル経済の高揚感があり、誰もがヒーロー、ヒロインになれそうな気がしていたし、世の中に一体感があったような気もしていました。でも、昔の記憶が都合よく書き換えられている面もあります。

昭和のセクハラ、パワハラは大問題でした。それを告発できる流れになってきたのはよいことです。ただ、ハラスメントという言葉が広まるにつれて、「問題をおこさないように」という意味にすりかわって、職場でのコミュニケーションが萎縮しがちになっているのは残念です。ハラハラするわけです。

この『不適切にもほどがある！』は、実は50代が直面している課題を描いたドラマでもありました。世の中の変化に合わせて、特にコンプライアンスについて「アップデート」しなくてはならないのに、必ずしもそうできない。いや、そうせざるを得ないので、うわべだけはつきあっているけれど、心から納得はいっていない、そう思っている50代は多いのではないでしょうか。

実際、ドラマだからある程度は誇張して表現されているとはいえ、80年代と言わず、90年代くらいまでは実質、男社会は変わっていませんでしたし、職場での上司・先輩さらには同僚のキツイ言動も、仕事を離れた場での下ネタも、放置、容認どころかそれぞれパワハラ、セクハラとは認識されず、スルーされていました。いまだに、明らかな暴力や性交渉の要求はともかく、厳しく愛のある指導とパワハラ、男性らしさや女性らしさを求めてしまう、男女で扱いを変えようとしてしまうということを、いつの間にかやってしまっている50代は多いのではないでしょうか。

私が社会人になった１９９７年は、少し前にお話ししたように職場は不適切の連続でした。入社したその日に開催された、配属先のキックオフでのパーティーで、バニーガールがいることに驚きました。しかも、その方は新婚ホヤホヤの5歳年上の先輩だと知り、二度びっくりしました。酔った状態での壇上での体力勝負など、冷静に考えると危険な出し物も行われていました。終了後の二次会では、死ぬほど飲まされ、泥酔です。これに限らず、宴会では常に脱ぎ芸を含む宴会芸をせざるを得ませんでした。特に先輩たちの、大事な部分を光るもので隠してローラースケートに乗って歌い、踊る「光る元気」、さらには大事な部分をスニーカーで隠して歌う「スニーカーぶる〜す」の衝撃を忘れられません。アルミホイルで隠す「ギンギラギンにさりげなく」という芸もありました。私は江頭2:50の真似を担当することが多く、仕事の合間に、経費で黒いタイツと布袋寅泰のＣＤを購入し、会議室でよく三点倒立を練習していました。

オフィスでの喫煙はまだギリギリ許されていて、企画書を書くときも、お客さんと電話でやりとりするときも、会議のときも、皆、タバコを吸っていました。老若男女問わず、喫煙率が高い職場でもありました。なかには激昂して、灰皿を投げる上司もいました。本人に直接当たらず、灰の飛び散る迫力や、その被害も計算した投げつけ方は芸術的でもありましたが、とにかくおっかなかったです。

昼食時も、タバコ部屋でも、飲みの席でも、下ネタは男女問わず盛り上がるネタで、「ソープの帝王」「泡乃国」（ソープに通う太っている人）「風神（風俗の神）」と呼ばれる先輩の武勇伝や失敗談をみんなで面白がって聞くというのもよくある光景でした。クールで頭も発言もキレキレで有名だった先輩が、SMクラブでMコースをよく選ぶというエピソードを聞き、価値観の多様性を理解しきれていないことを反省し、落ち込みました。それ以来、その先輩が会議で吠えるたびにムチやローソクが頭の中に浮かびました。上司と部下の不倫も、関西人が言う「絶対、言うたらあかんで」という枕詞で始まる話同様に、誰もが知っている秘密でした。ちなみに、以前の職場では部下を「死ね！」と恫喝《どうかつ》する上司がいました。その人が、事業部長になったときに、やっと変わってくれるかなと思ったら、「死んでください！」という言い回しになりました。さらにその人は取締役になり、「生き方を考えた方がいいです」と、やっと生きる前提で話をするようになりました。生殺与奪の権を他人に握らせてはいけません。

これは私が勤務していた、あくまで当時のリクルートやバンダイのような、サークルノリの企業の事例ではありますま。ただ、この手の不適切話は枚挙に暇がありません。

現実的に、私たちがモヤモヤするのは、部下や後輩への接し方、さらには自分の子供への接し方ではないでしょうか。自分たちの時代の当たり前が通じず、気づけば職場ではハラスメント、家庭ではDVになってしまうという問題です。

私たちの時代は、叱られること、いや、怒られること、さらには怒鳴られることなど威圧的なトーンで指導されることがよくありました。これが、「愛のある指導」だと美談化されたりもしました。厳密には叱ると怒るはまったく異なるのですが、上司も部下もこれらの違いがよくわからないまま、とにかく威圧的に接するということがよくありました。

このような、パワハラまがいの言動は、「よくない」という話になるでしょう。では、仕事の任せ方はどうでしょうか。20代の頃は、仕事の量をこなした方が学ぶことが大きいと思い、ついつい難易度の高い仕事を大量にふったりしていないでしょうか。あるいは、「パワハラだ」「プライベートの時間が取れない」などというクレームにつながることを恐れて、難易度が低い軽めの仕事ばかりふって、上司・先輩であるあなたが仕事を抱え込んでいないでしょうか。

皆さん、悩んでいらっしゃるかと思いますが、この２つは上司失格の行為です。前者も後者も仕事の任せ方も、部下の育て方も雑です。その部下の適性、成長課題、さらには担当業務を分析してから任せなくてはなりません。部下の能力・資質によっては、難易度が高く、量も多めの仕事を「お前に任せた」とふることも間違ってはいませんが、もしあまり考えずにこのようにふっていたら、もれなく部下はパンクします。
一方、後者の任せ方は、若者の早期離職が多い「ゆるブラック企業」そのものです。2020年代になって流行った言葉なので、知っている人も多いことでしょう。そう、働きやすく、仕事もゆるいのですが、達成感、成長感を感じることができない企業のことです。「こんな企業にいたら、今後、通用しなくなる！」と焦った若者が逃げていくのです。この言葉を仕掛けた、リクルートワークス研究所の古屋星斗さんは『ゆるい職場』（中公新書ラクレ）で、労働法制の改正により、働き方改革が進み、ハラスメントも問題視されるようになり、職場に関する情報開示は進んだのですが、一方で、上司の側のアップデートが進まず、「ゆるくて、やりがいも成長感もない企業」が増えてしまったのではないかと指摘しています。

この言葉は誤解を呼びがちなので、気をつけなくてはなりません。若者はブラック企業を求めているわけではありません。ただ、長時間労働や、厳しい指導にかかわるやりがい、達成感を組織や管理職がつくりだすことができなかったという問題なのです。これはまさに、私たち世代の問題です。

これは子育てでも直面する問題ではないでしょうか。50代の皆さんは、お子さんが成人している人、なかにはもう結婚してお孫さんがいらっしゃる人もいることでしょう。でも、結婚や出産が遅いがゆえに、あるいは結婚をやり直したがゆえに、小さい子を育てている人もいることでしょう。私も、５年と数百万円を投じた妊活の末、私43歳、妻42歳のときに娘を授かりました。娘はいま、小学校に通っています。公立の小学校における教員の疲弊ぶり、ナチュラルに学級崩壊が起こる光景、好きなことを諦めさせ無批判な子供を育てる教育に疑問を持ち、私立の小学校に入れました。保護者会によく出席しているのですが、教育に関する常識は常に更新されており、保護者としても教育者としても参考になります。特に、個性の尊重の仕方、褒めて伸ばす方法、怒らずに適切に叱る方法などについて、日々勉強中です。

私たちが成人する前は、叱られること、いや怒られることがまだよくあり、学校でも家庭でも体罰が存在しました。小学校、中学校時代はよく先生に怒鳴られ、ときに殴られました。家での食事にしろ、学校での給食にしろ、完食主義でした。前出のドラマで描かれたように、部活動の最中はなぜか水を飲んではいけないというルールまでありました。ウサギ跳びなどの、今から思えば非科学的な、気合と根性の指導もまかり通っていました。健康上のリスクだらけではないですか。

家庭での子育てにしろ、教育機関での教育にしろ、企業の人材育成にしろ、「育てる」ことをめぐっての理論、方法は常に見直されています。私たちの昔の上司、先生、親の教え方は、問題がある可能性があったにもかかわらず、私たちはそれが「普通だ」と思っていたのです。これは決して、皆さんのお世話になった方を否定しているわけではありません。ただ、「教え方」「育て方」は変わらない本質がありつつも、アップデートされているのです。

一方、このような話が頭ではわかっていても、皆さん、日々モヤモヤするのではないでしょうか。「そうは言ってもね」と何度も心の中でつぶやいたことでしょう。いざ、目の前の若者に、よかれと思ってやったことがハラスメントだと言われたり、早期離職されたりすると凹むものです。いや、凹むどころか、社内で処分を喰らうこともあれば、炎上騒ぎになることだってあるわけです。すべては「よかれ」と思ってやったことであり、さらに最近の「褒める」育て方に違和感を抱いてしまうのではないでしょうか。いま、目の前の若者にきちんと指導しなければ、将来とんでもないことを起こしてしまうのではないかと不安になる人もいることでしょう。

このような「価値観の違い」や「ジェネレーションギャップ」は実は奥が深い問題で、単に「意識」や「常識」の違いではなく、環境の変化、雇用や教育のシステムの変化によるものです。「若者はけしからん」「若者は理解できない」ですませてはいけません。一見すると違和感を抱き戸惑う言動も、実はいちいち合理的なのです。

ドラマの中でも「アップデートしなくてはダメですか？」という問いかけがありました。何もかも昔が間違っていたわけではありません。ただ、このアップデートができるか否か、その戸惑いがアラフィフの生きづらさそのものなのです。

## どこにも居場所がない「松井秀喜世代」の私たち

私たち、アラフィフは「最後のマス」と呼ばれていました。まさに団塊ジュニア世代です。第二次ベビーブーマーです。一方、ここまで書いてきたように、就職氷河期世代、ロスジェネでもあります。同い年の人が約２００万人もいるにもかかわらず、「どこにもいられない」感覚がありませんか。つまり、孤立しているかのような、誰も仲間がいないような、誰にも相談できないような、そんな感覚です。公私ともに悩みがあり、自分も、家庭も、会社も、社会も将来の先行き不透明感がある中、誰に相談すればいいのかと思ってしまうのです。

アラフィフの、特に男性は、何度かのプロレスや格闘技のブームを体験しています。アントニオ猪木、長州力、藤波辰爾、タイガーマスクといったレスラーが活躍した、１９８０年代前半にプロレスにハマっていた世代は「ゴールデンタイム世代」とも呼ばれます。1980年代の、いやプロレス界でずっと続いている対立構図といえば、世代間闘争でした。長州や藤波は「俺たちの時代」を叫び、世代交代を訴えました。

一方、私たちアラフィフの時代はきたのかというと、大変に疑問です。プロレスにしても、世代間闘争にすら参加できなかった世代、「天下を取りそこねた」世代というものがあります。私たちの時代はくるのか、一度でもきたことがあったのかと不安になることがよくあります。

たしかに、同世代に光があたったことは何度かありました。実際、日経の人事欄などをみると、同世代が大手企業の経営者や幹部になり始めています。友人・知人の名前を見かけることもよくあります。古巣リクルート、バンダイも経営陣に同世代はいます。ＩＴの世界では、同世代の経営者たちは、既に第二の人生を歩み始めたりもしています。政治の世界においても、同世代が与野党ともに党内の要職についてはいます。２０２4年に自民党総裁選に出馬した小林鷹之氏がそうです。立憲民主党の2代目代表の泉健太氏は同郷で同い年です。とはいえ、圧倒的スターがいるわけでもなく、上の世代の壁を感じつつ、下の世代の突き上げを感じつつ、悶々としています。

同世代のスターという人も、たしかにいました。なんせ、スポーツの世界では巨人軍やヤンキースなどで活躍した松井秀喜さんがそうです。巨人軍の監督が、やはり同世代の高橋由伸さんだったこともあります。経営者では、サイバーエージェントを創業した藤田晋氏や、ライフネット生命の創業者の一人である岩瀬大輔氏（現在はKLKTN共同創業者兼CEO）は一時、大変に注目を集めていました。同世代のヒーロー、ヒロインはたしかにいますが、とはいえ、自分たちの時代がまだきていないと思うのはなぜでしょうか。

松井秀喜さんが引退したときに、なぜか、自分たちの時代が終わった気がしました。松井秀喜さんは、同世代の最初のスーパースターでした。なんせ、将来の不安に向き合いつつ、受験勉強をしていた1992年の高3の夏、甲子園での5打席連続敬遠で注目されました。石川県の星稜高校で活躍していた彼は強打者として知られ、一度もバットを振る機会を与えないほど、相手チームからは警戒されていたのでした。その後、巨人軍やヤンキースなどで活躍しました。日本のプロ野球での大活躍が印象に残っているものの、引退前は故障も多く、活躍の場も少なく、その姿にむしろ胸を打たれました。

野球選手はそもそも選手生命が短く、20代で引退することも決して珍しくはありません。いや、プロ野球入りしても、ずっと二軍の選手もいますし、すぐに引退に追い込まれる選手だっています。松井さんの引退は、適齢期だったと言ってもいいでしょう。しかし、なぜか、松井さんと自分を重ねてしまって、自分の時代が終わったかのように感じてしまったのです。綺羅星のように登場した松井さんは、同世代でも雲の上のような存在でした。ただ、同世代のスターであり、明らかに成功者だった松井さんですが、皮肉なことに、ヤンキースでの末期、故障に苦しみ、出場試合数も減ったときには、雲の上の存在、別格だった松井秀喜さんに、なぜかより親近感がわいたのも事実です。それは日々の仕事に追われ、将来の先行き不透明感を抱きながら、終わらない日常を生きる自分たちの姿と重なったからでしょう。

バブル期の先輩たちと、ゆとり世代、さとり世代、Z世代の若者たちに挟まれ、自分たちのおかれている状況や、価値観との違いに悩んでしまいます。入社時に、うっとうしくも、少しだけ羨ましくもあったバブル期の先輩たちは、職場から退場しつつあります。なぜ、生まれた年の違いで、就活の苦労や、人生の充実度が違うのかと疑問に思うキッカケとなった先輩たちです。「痛い人たちだ」と思うことがありつつも、とはいえ美味しい想いをした人たちのようにも見えます。

一方、下の世代ほど、因習からは逃れていますが、様々なことに無頓着ではいられません。新卒で入社した企業をすぐに辞めて職を転々とする若者、シェアハウスに住む若者、マッチングアプリで交際相手や結婚相手を探す若者をみて、あなたはどう感じるでしょうか。評論家視点で言うと、それが今どきの若者だな、取り巻く環境の変化からすると当然だなと納得せざるを得ません。一方、いち生活者として私がいまその年齢だったら、そう生きるかと考えると、そうはしたくないわけです。

前にお話ししたドラマ『不適切にもほどがある!』に関連した、コンプライアンスの話にしても、ダイバーシティーの推進にしても、「アップデートしなくては」と思いつつ、「とは言ってもね」と心の中ではつぶやいているのではないでしょうか。私自身、朝日新聞デジタルや、ヤフージャパンでコメンテーターをしているのですが、ここで専門家たちが論じることと、それを受けたネット上の論争（のようなもの）と、世の中の「ごく普通の人」の感覚は異なります。高校や大学の同級生と再会すると「常見くんはそう言うけど、とは言っても現実はね」という批判、さらには愚痴も飛び出ます。世の中の変化、特にライフスタイル、ワークスタイルの変化に、理解はしていても、納得はいかないのです。

就職氷河期世代である私たちには、その後、「ロスジェネ」という名前がつけられました。仕掛けたメディアの一つが朝日新聞です。当時、企画に関わっていた元朝日新聞社員によると、社内の該当する世代の方からも「レッテル貼りだ」「余計なお世話だ」という声はあったとのことです。

2000年代には「ロスジェネ論壇」と呼ばれるムーブメントがありました。雨宮処凛さん、城繁幸さん、赤木智弘さんなど、同世代の論者の発信が目立ちました。本書でも既に触れましたが赤木智弘さんが2007年に「論座」に寄稿した『「丸山眞男」をひっぱたきたい 31歳、フリーター。希望は、戦争。」は、その過激なタイトルがやや誤解を招き、ちゃんと読んでいない人も含め賛否を呼びましたが、ロスジェネのおかれている理不尽で不安定な状況を告発しました。

アカデミックの世界においても、ロスジェネの検証が行われました。特にフリーターに関しては、自由で柔軟な働き方を望んだ、高等遊民だった、自己責任だというよくある言説ではなく、団塊ジュニア世代、第二次ベビーブーマーが社会に出る頃に、大学の数が増え、進学率も上昇傾向にある中、企業が人材マネジメント方針を見直し、採用を抑制したことが影響していることが明らかになりました。

2000年代においては、既得権益を握っているバブル世代や、当時の中高年の中で、仕事をしない人、できない人を一掃しろ、解雇規制を緩和してどんどん首を切り、席をあけろという過激な論まで飛び出しました。「解雇」については、使用者側の論理で語られ、労働者側は反対するものであるはずなのですが、当時は労働者側からの発信も目立ちました。

そんな私たちもアラフィフになりました。まだ20代だった当時、「退場しろ」「席をあけろ」と攻撃対象としていた50代になったのです。そのような過激な声をあげた立場からすると、自分たちも退場するのが筋のようにも思えてきます。

実際、正社員として働いていると、早期退職や、関連会社への出向・転籍、役職定年などが目の前にせまってくるわけです。一方、この国は60歳未満の人を「定年退職」として退職させることはできません。希望する人は65歳まで必ず働くことができる社会になっています。

自分たち50代は生かされている気がします。しかし、このずっとどこにもいられない、どこにも属さないという感覚はなんでしょう。自分たちのことがなかったことになっている、どこにもいられず、いつまでも主役になれず、若者でも中高年でもない感覚……。私たちをぐるりと囲むように他の世代との距離感を感じる、そんなどこにもいられない感覚こそ、私たちアラフィフが抱える深くて大きな悩みなのです。「ミッドエイジクライシス」が社会問題となる中、自分の存在が何なのかさえわからず、震えているのです。

コラム

## 新しいマナーにどう向き合うか？

『モヤモヤするあの人——常識と非常識のあいだ』(宮崎智之、幻冬舎文庫)は、中年世代にとって興味深いテーマを扱った社会派エッセイです。タイトルからも、日常生活で感じる「モヤモヤ」した気持ちに焦点を当てていることがうかがえます。常識と非常識、ルールとマナーに関する考察を通じて、読者に新たな視点を提供しています。著者のアプローチがキャッチーでありながら深い内容を持っているという点も魅力的です。

著者が取り上げた「モヤモヤ」する事柄は、中年層にとって興味深いものばかりですね。それぞれの項目について、中年たちが何か言いたくなる理由や感情があるでしょう。たとえば、「スーツにリュック」は、従来のビジネススタイルとカジュアルなアクセサリーの組み合わせに対する違和感や、外見の整合性に関する懸念があるかもしれません。さらに、「タバコ休憩」や「焼き鳥の串外し」、「iPhone から送信」などの項目についても、それぞれの行動や習慣に対する中年たちの感情や思考が含まれています。

「タバコ休憩」については喫煙者と非喫煙者の間で生じる不公平や、タバコを吸うことによって形成されるインフォーマルなコミュニティについて気になっていました。喫煙者が定期的に休憩を取ることで、非喫煙者はそれに伴う仕事の停滞や不公平を感じることがあるでしょう。また、「タバコ部屋」が喫煙者のコミュニケーションの場となっていることで、非喫煙者は情報交換やアイデアの共有などの機会を逃す可能性があります。管理職に昇進した人がタバコを吸い始めることには、ストレスの発散や情報共有の手段としての役割があることも、一考の余地がありますね。このような状況は、組織内のコミュニケーションや労働環境に影響を与える要素であり、その解決策を模索することは重要です。非喫煙者が不利益を感じることなく、すべてのメンバーが公平に労働環境を享受できるような解決策を見つけることが望まれます。

「焼き鳥の串外し」は一見、些細《ささい》なことのように思えますが、誰が最初に串を外すかによって、周囲からの印象や評価が変わると感じることがあるのも理解できます。また、その行為がコミュニケーションや交流に影響を与えることも考えられます。

仕事関連のメール、特に取引先からのやりとりに「iPhoneから送信」とあった場合、あなたはどう捉えるでしょうか。失礼にも感じますし、一方で、スピーディーに対応してくれたと捉える人もいることでしょう。

メッセージ関連でいうと、最近話題なのは、ＬＩＮＥなどのメッセンジャーで語尾に「。(句点)」をつけるかどうかという論争があります。つけると威圧感が増し、ハラスメントの匂いを感じる人もいるようです。特に部下とのやりとりに「。」をつけないように、注意喚起を行っている企業もあります。

常識やマナーは時代とともに変化し、それに対する理解や受容も異なるかもしれません。20年前の働き方やビジネス文化と比較して、現代では柔軟性や個性がより重視される傾向があるかもしれません。しかし、それでもなお、新しい慣習やルールに対する違和感や戸惑いが生じることはありますね。常識は常に更新されます。常識が異なる人とのコミュニケーションや協力を通じて、お互いの違いや異なる視点を尊重し合い、より良い職場環境を築いていくことが求められるでしょう。

# 第2章

# 50代の希望

## 最高に稼げる時代がやってくる？

前の章とはうってかわり、この章では50代の希望の話をしたいと思います。

役職定年、定年後の再雇用などで賃金が下がる、役職が下がるというのは会社にしがみついた場合、あるいは、収入や社内でのポジションを幸福の物差しとした場合です。見方を変えると、様々なしがらみから解き放たれて、最高にハッピーで稼げる黄金の時代がやってくるともいえます。

「こんな会社、辞めてやる！」と叫びたくなったことは誰にでもあるでしょう。ただ、これ、啖呵《たんか》を切っているように見えますが、こう叫ばなくても、冷静な判断として、合理的な選択として、今の職場に見切りをつけるというのはハッピーな選択になり得ます。役職定年、定年後の再雇用などで賃金が下がる、さらにはやりたい仕事ができないというリスクがあるなら、会社を離れてしまうという選択もあり得ます。定年を前に転職する、フリーランスになる、起業するなど、仕事の主導権を自分に取り戻すことも一つの手です。

将来に不安を抱えている人は、会社にとって、恰好の〝カモ〟であり、便利で都合の良い人なのです。実際、私たち就職氷河期世代は、会社と社会のカモにされ続けてきませんでしたか。

中高年になり、同じ会社でずっと働いてきた人は「自分はこの会社でしか通用しない」

「この会社のブランドがあるから働けるのだ」などと自分に自信をなくしたり、自分を責めてしまったりするのです。

私たちは企業にとっては、人材であり、「材」とつくからには資源の一つです。こう言われるとカチンとくる人もいるかもしれませんが、飲食店が食材を仕入れるように、鮮度、旨味、賞味期限などを考慮しつつ、よいものを安く仕入れたいですし、買い叩くのです。

企業に勤務している場合は、基本的には給料は企業により決められます。最近ではポジションに応じて、あるいは成果に応じて、会社員でも数千万円の年収をもらう人も現れています。人手・人材不足のために、最近では新卒初任給が月の基本給で25万円を超える企業、１年目で年収１千万円が実現できる企業、20代で年収３千万円が可能な企業もあります。賞与が十数ヶ月分支給される企業もあります。給料が高いと言われる外資系企業ではなく、日本企業においても、です。

もっとも、いくら高収入を実現したところで、実は得するのは企業なのです。あなたが年収１千万円を稼いでいるとしたら、勤務先の企業はより儲けているのです。もちろん、企業に所属していなくてはできない仕事、企業の設備などがなければできない仕事があることもまた事実です。とはいえ、いま、している仕事を独立して行えば、より高い収入を得ることができるという可能性を直視してほしいのです。

企業に勤めている場合は、たいていはその時点での部署、職種の仕事しかできません。たとえば、私は会社員時代には簡単に言うと、営業、マーケティング、広報、人事、新規事業開発の仕事を担当しました。どれも思い入れのある仕事であり、手前味噌ですが、どの仕事でも、いまだに普通の現役ビジネスパーソンよりも高いパフォーマンスを発揮できる自信があります。ただ会社員時代、異動した際や、転職した際に「あの仕事、まだやっておきたかったな」と思ったことは一度や二度ではありませんでした。

しかし、会社を離れてフリーランスになったり、起業したりすると、好きなことは何でもできるのです。たとえば、A社からは人材コンサルティングを、B社からは広報のコンサルティングを、C社からは営業改革の仕事を受託するということが可能なのです。もちろん、一見すると節操のないように見えます。パーパスは何なのかと思われるかもしれません。ただ、組織の変革に関わるという点では一貫していると言えるでしょう。このように、会社員では異動とともに諦めなくてはならなかった仕事が同時にやれるのです。

もちろん、定年退職後の進路は別にフリーランスとしての独立、起業だけではありません。また、独立、起業と聞くだけで「私には無理」と思う人もいるでしょう。でも、これまでも、あなたは社内で「顧客」を獲得している程度にスキルも経験もあったのです。選択肢の一つとして、考えておきましょう。

## 年齢をいったん捨てる

年齢について考えてみましょう。「もう50代だから」と、自分の年齢を理由に何かを諦めていませんか。つまり、年齢に関連した思い込みが呪縛となり、自分の可能性に蓋をしていませんか。

もちろん、年齢について思うことは多々あります。著名人の訃報を聞くたびに、「そうか、まだこんなに若かったのか」と思ったりもします。加山雄三、吉田拓郎のようにライブ活動終了を宣言したアーティストもいます。若々しく見えたので気づきませんでした。

そういえば、X JAPANのYOSHIKIなど、アーティストの一部に年齢について「非公開」とする人が現れました。バンドの場合、同級生メンバーの年齢などからだいたいの年齢はバレますし、YOSHIKIに関しても少し調べるとわかるわけですが、年齢にとらわれない世界観づくりに共感します。

人気ロックバンド、打首獄門同好会のベーシスト、junkoさんはメンバーにすら長年、年齢を公表していませんでした。2010年に音楽レーベルと契約する際にメンバーに明かしました。隠していないつもりであるものの、大っぴらに公表する必要もないと思っていたとのことです。2018年12月に開催された誕生会を兼ねたライブで、還暦を迎えたことを公表し、SNSのトレンドに入るほどにざわつきました。7歳の娘も打首獄門同好会のファンで、ライブを観に行ったこともありますが、junkoさんはステージでは大暴れです。彼女のSNS投稿は、筋トレ、ギャルファッションなどに関するものが多く、年齢をまったく感じさせません。

「年齢」から自由になりませんか。私はこう提案したいです。いったん、年齢について心配する、年齢を言い訳にするのをやめてみることを提案します。公表することも、です。

しかし、人はなぜ年齢を気にしてしまうのでしょうか?

私が思うに、それは会社に勤めているということが大きく絡んでいるのではないでしょうか。日本の会社はこれまで、年齢を過度に意識してきました。年功序列からの脱却は平成の約30年において、何度も課題として取り上げられました。実際、年齢にとらわれず管理職に抜擢する企業も現れました。年下の上司、30代の部長、40代の経営陣は日本の伝統的大手企業でも誕生しました。

しかし、いくら人事制度が変わり、若手が抜擢されるようになったとしても、会社員時代は上司や同僚の年齢を気にしていたのではないでしょうか。50代の私たちは新卒一括採用で会社に入り、中にはずっと同じ会社にいて、一度も辞めたことがない人もいるわけです。中途入社を経験した人であっても、現在、50代で日本の会社で長く勤めた人は、年齢や年次を気にし、いつの間にか上下関係の中に身をおいてしまいます。そこで何かと先輩風を吹かせてしまったり、後輩プレイを演じてしまったりしています。これが染み付いていると、人生においても、年齢というものを過度に意識してしまいます。会社から離れた場でも、思わず相手の年齢を聞いてしまったり、想像してしまったりしていませんか？年長者への配慮、リスペクトという意味もあるでしょう。ただ、年齢という枠にいつの間にか囚われてしまっているのではないでしょうか。過度に気にしたり、逆にあぐらをかいてしまったりしてませんか。

年齢を明かさず、気にせず生活してみませんか。いや、隠そうとしても、バレてしまいます。ただ、いちいち言う必要もないのです。自分自身も、何歳であることを一度忘れてみませんか。さらには、年齢にものを言わせたような態度をやめてみませんか。

定年退職というものがある一方で、年齢という概念や、そのあり方、捉え方は大きく変化しています。加齢は、肉体的なものであり、精神的なものであり、社会的なものです。ただ、平均寿命も、健康寿命も伸び、中高年のルックスも年齢を感じさせないものになりました。良くも悪くも役職や年齢、さらには年収は、従来の年齢像から切り離されつつあります。モノを言うのは、自分の肉体年齢、精神年齢、社会的年齢であり、実年齢ではありません。

さらに、年齢による価値観の差が縮んでいますし、一部の行動は均質化しています。博報堂生活総研が毎年、開催する様々なテーマで10〜15年先の日本の未来像を描き出すイベント「みらい博」にて2023年に提唱されたコンセプトは「消齢化社会」でした。年齢による意識・好み・価値観などの違いが減ってきていることが主な問題提起です。従来は中高年がする行動を、若年層がとったり、その逆もあったりということがありえます。

たとえば、服装の自由化が進んだこともあり、男性のビジネスパーソンの仕事をする際の服装は、紺や黒のジャケットに、カットソーに、デニムに白いスニーカーです。メガネをする人は、太い黒縁メガネをします。年齢に関わらず、やはりアッシュブラウンぐらいのおしゃれヘアカラーをしています。これが、20代から60代まで、男性は同じような恰好です。高級ブランドでも、ファストファッションでも、このような服が用意されていて、男性はこの手のファッションを選びます。

一方、従来の年齢層では考えられなかった行動パターンを、それぞれの年齢層がとるようになっています。たとえば、大学生がカラオケで昭和歌謡を歌っていますし、ファミレスでステーキを頼むのは中高年です。銀座や新橋で元気に飲み歩いているのも、中高年です。中高年で離婚、死別などで単身になった人はもちろん、マッチングアプリを使っています。

健康状態、精神状態など、把握するべき点はあります。年金の支給など、様々な制度に関連して年齢は関係あります。ただ、いったん年齢による自分に対する、自分による束縛を手放してみましょう。

年齢を忘れること、可能な限り自分から年齢を伝えない生活を送ってみてはどうですか。そもそも、特に女性に対して年齢を聞くことは失礼だとされるなど、向こうから年齢を聞いてくる機会も減っているわけです。

私自身、年齢を手放して生きるようになってから、人生が楽になりました。今日が人生で一番若い日だと考え、年齢相応だとは考えずに生きています。お陰さまで年齢よりも若く見られることが増えました。20代、30代の頃は年齢よりも老けて見られましたが、現在はむしろ10歳以上若く見られます。年齢を気にせず振る舞うようになったからでしょう。ほぼ金髪で筋肉質な私は、会社員はもちろん、大学教員にも見られず、いつもアーティストやプロレスラーと間違われます。繁華街やライブハウスでもイカつい人たちに優しくされます。でも、それでいいのです。唯一無二の自分になればいいのです。気づけば、かなり年齢の離れた若い友人、年上の友人が増えていきます。

年齢を手放すと、謙虚になれます。若い人にも偉そうに接することがなくなります。結果として、ますます愛されます。年齢不詳な自分になれば、仕事も趣味もブレーキがかからず充実します。50代を迎えるにあたり、いったん年齢のことを忘れてみましょう。人生が楽になりますよ！

### 会社と社会の変化の目撃者として尊重される

変化の激しい時代です。たとえば、この本を執筆している2024年7月頭には円安が進み、実に38年ぶりの水準である161円70銭を記録しました。日経平均株価もバブル期以来の高値を更新しています。求人倍率も改善しました。一方、そうであるがゆえに人手・人材不足は深刻化しています。

では、この局面で現場のいち社員としてどのように働けばいいのか？　以前、同じような局面だったときにどのように働いたのか？　さあ、ベテラン社員の出番です。「俺の若いときは、○○だった」というような、昔話や自慢話や説教は、こちらから話すとウザがられます。ただ、相手が望むなら話は別です。あなたの体験はきっと役に立つのです。もちろん、時代とともに、ルールもツールもマナーも変わります。ただ、その局面での経験は役に立つのです。

たとえば、今、出た話題の中で、私の専門分野である売り手市場の採用活動について触れましょう。なんせ「就職氷河期」という言葉が忘れられていないほど、我が国には、就職難の時代がありました。1990年代前半から2000年代半ばまでの十数年にわたる就職氷河期、リーマン・ショック後の就職難、この2つほどのインパクトではなかったものの、新型コロナウイルス・ショックによる混乱などです。一方、不愉快になる人もいるでしょうが、経営者や人事担当者視点で考えると、就職難の時代は優秀な人材からの応募があり、採用に困らないのです。採用困難な時期の経験談は役に立つのです。

求人倍率が2倍前後になる超売り手市場の中で、欲しいと思った人材にアプローチするにはどうすればいいか、大学との信頼関係の構築法、印象に残るメッセージのつくり方、相手がだんだん入社意欲がわくようなアプローチ法、会社全体の魅力抽出の方法、求職者が迷ったときの口説き落とし方など、会社全体の採用活動の巻き込み方、経営陣への採用予算や人員体制づくりへの理解のしてもらい方など、売り手市場のときの、つまり採用困難な状況のときのノウハウはいちいち役に立つのです。なお、このようなノウハウを持っている人の中には独立して採用コンサルタントになったり、飲食、流通、介護、運輸など採用困難な業種の会社を人事部長として渡り歩いたりする人がいます。

仕事に関する専門分野だけではなく、その時代の空気感、さらには重要な事件の語り部として期待されたりもします。私自身、就職氷河期世代であり、政治家や官庁・自治体、メディアなどからその当事者としてのコメントを求められるわけですが、よくある「かわいそうな若者」イメージの話ではなく、当時のカルチャーも含めた空気感を伝えたり、時代の悲壮感を乗り越えるために何をしていたか、などの話をしたりすると感謝されます。就職氷河期とはどういうことなのか理解できないまま、なんとなく大学生活は進んでいきました。飲み会や合コンなど、いかにもバブルっぽいというか、学生っぽいイベントもそれなりにあり、大学生協にはデートマニュアル雑誌が並び、CDは売れに売れ、カラオケで盛り上がる、牧歌的な時代でもありました。阪神・淡路大震災、地下鉄サリン事件など衝撃的な事件がありつつも、インターネットが登場し、時代が変わりつつあり、今までの常識が通用しなくなることに、おそれと同様に少しだけ興奮したことを覚えています。

自分から話すと単なるウザい人になりますが、このように私たちの経験はきっと役に立つのです。自分自身が大事にされる可能性があることに希望を持ちましょう。

## 「番頭」「経験者」として頼りにされる

50代の生きがいとは何か?

その一つの答えは、「頼りにされること」ではないかと思っています。知識、能力においても、職場やコミュニティでの役割においても役に立つのです。

年長者は経験値が高く、若い人はそうではない、と言い切れない時代にはなっています。eラーニング、動画の活用などで仕事に必要な知識やスキルは効率的に学ぶことができる時代です。

また、私たち50代が経験してきた、学校での教育、企業での人材育成は必ずしも科学的ではありませんでした。飛び込み営業研修に代表される、気合と根性の研修も多々ありました。現在は、ハイパフォーマーの行動モデルなどが研究され、成果を出す人、成長する人の特徴が分析され、その能力を高めるための研修なども用意されているわけです。一方、そのやり方の是非はともかく、理不尽な研修を体験したという経験自体は、少なくとも証言としては役立ちますし、今の若者とは異なる経験をしたという話でもあります。

50代になると、若い人が経験したことのないような経験や、能力が活きることがあります。理不尽な研修などは見直すべきですが、効率的な人材育成にシフトしたがゆえに、丁寧な人材育成を経験してきていない人が管理職になったりしているわけです。上司から丁寧に指導された経験がいま、活きるということがあります。

いま、注目されているのは「番頭《ばんとう》中高年」です。自分より年齢が若い課長や部長が誕生する中、役職定年、降格などしつつも、若い管理職から頼りにされる人たちです。営業力、企画力をはじめ、熟練の技がある上、性格もマイルドになっているので、若いメンバーも相談しやすいのです。切れ者の管理職には言いにくいことも、番頭社員には相談しやすいというわけです。

私がよく接している分野でいうと、営業および人事のベテラン社員のスキルは貴重です。営業はこの十数年で、ITやデータを駆使した、科学的なものに変わりました。たとえば、受注する可能性の高い顧客のリストは、システムが提供してくれます。営業ツールも進化し、訪問先でタブレットを使って簡単に資料を呼び出せるようになりました。一方で、顧客のニーズを深掘りしたり、その案件の知見を市場全体に広げたりという視点が弱くなりました。若い営業担当者が、ベテランに同行してもらうと、ここまでお客さんが課題や悩みを話してくれるのか、同じ商品・サービスでもここまで評価が異なるのかと驚かれることがあります。

また、訪問先でのトークにしろ、企画書の作成にしろ、細かいノウハウが活きます。たとえば、ベテラン営業担当者は、いかに顧客の方を向いているか、さらに自社の商品・サービスが優れているか、言葉を相手に合わせつつ、連呼します。これは選挙において政治家が、いかに国民や市民の方を向いているのかを「皆さん」や「私たち」という言葉でアピールするのと似ています。企画書でも、若い人がついついやりがちな、カラフルであるがゆえに、逆に大事な部分が伝わらないものにはしません。重要なポイントの強調などが上手です。単純作業や地味な仕事の奥深さに気づいていること、とことん仕事の利害関係者を満足させる仕事ぶりは重宝されます。なんせ、相手に対する気遣い、配慮などの姿勢が感謝されます。

管理職やさらには経営者にとっても、シニア社員は相談にのってくれる人、ときに耳の痛い話をしてくれる存在として重宝されます。人前ではクールに振る舞う人も、個別にベテラン社員を呼び出し、相談を持ちかけたり、弱音を吐いたりするわけです。古巣で執行役員まで務めたあと役職定年を迎えた方は、その時の社長と同期でした。ある意味、出世争いに負けたとも言えますが、よい意味での同期意識がありました。会議が終わるたび、その方は「○○（社長を呼び捨てる）、ちょっといい？」と言って「お前の話は社員にまったく伝わっていないぞ」「お前、どう言われているか知っているか？」などと投げかけ、社長という立場の人に苦言を呈していました。えらくなると、叱ってくれる人がいなくなるのです。ベテラン中高年社員は、上に強く、下に優しくで、ときに物申し、ときに優しく接することのできる貴重な存在になれます。

役職や年収は下がるかもしれません。ただ、自分の仕事に感謝されるという最高の体験ができるのです。

## 客、消費者として大事にされる

「おっさんホイホイ」という言葉を聞いたことはあるでしょうか?

中高年が、思わずお金を使いたくなる商品・サービスの数々です。私たち中高年は、人数も多く、しかも消費に対して意欲的な人も多いです。そうであるがゆえに、何度も私たちをターゲットにした商品・サービスが投入されるわけです。〝カモ〟にされているとも言えるでしょう。ただ、うまくツボをおさえたものが提供されるので、悪い気はしません。これまた、憎らしいほどに払えない額ではない値付けなので、思わず買ってしまいます。

私自身、玩具メーカーのバンダイにいました。私が在籍していた約20年前も、そして今も、同グループからは「おっさんホイホイ」的な、大人向けのフィギュア、超合金、プラモデルがリリースされます。毎年、いや毎月、数万円する大人向けのアイテムがリリースされ、即完売となります。元社員として、私が驚愕した商品の一つは2021年12月に発売された超合金魂シリーズの100体目、『大空魔竜ガイキング』の主要キャラであるガイキング&大空魔竜です。750ミリメートルの大型のロボットです。ロボットのギミックを忠実に再現しており、圧倒的にリアルです。本体から主題歌が流れるのです。お値段も強気で、税込8万2500円です。しかも、凝ったプロモーションビデオがつくられただけでなく、読売新聞に見開きの広告が掲載されました。いまだに全国紙の全段広告は掲載料だけで1千万円前後だと言われています。これだけのプロモーションコストをかけたこともあってか、即完売でした。いや、逆にこれだけ広告宣伝費をかけても利益が出る商品だとも言えます。

「おっさんホイホイ」の最たるものは、アーティストの来日公演でしょう。エリック・クラプトン、ビリー・ジョエル、ジャーニー、ディープ・パープル、クイーン、ナイト・レンジャー、アイアン・メイデンなどなど、あげるときりがないですが、この本の執筆中にもレジェンドアーティストの来日公演が続々ありました。円安や運賃の高騰などもあり、ライブのチケット代は2万円を超えることも珍しくありません。それでも、瞬時に完売となります。50代以上のファンたちが買っていくのです。

この手の来日は「これが最後かも商法」と揶揄されたりもします。実際、アーティストの年齢も70代、80代ということがよくあります。70代後半になった、ディープ・パープルのボーカリスト、イアン・ギランがシャウトする様子も圧巻ですが、それで盛り上がる彼と同じ世代のファンもまたナイスです。中高年が、黒いロックTシャツを着て、少年に戻ったかのように熱狂している姿は何度みても心が洗われます。実際、みんながロックを卒業しないので、自分自身も好きでいられるわけです。あたたかい空気が広がります。

不安がありつつも、冷静に考えたいのは、現在、中高年の生活を助ける様々なサービスや、制度が導入されており、少なくとも以前よりも中高年の暮らしは快適だということです。私たちは企業にとって、大切なお客様なのです。

JR東日本の「大人の休日倶楽部」は、中高年向けサービスの先駆けでした。入会すると、新幹線や特急も含め安く楽しめます。その他、シニア割のサービスは多数存在します。安くはないものの、特別プランも多数登場しています。

いつまで続くかどうかはわかりませんが、自治体によっては60歳や65歳から公共交通機関が無料になります。移動の自由が手に入れられます。

時間も自由なので、すいている時間に図書館や区の体育館など公共の施設を活用できます。文化活動、スポーツ活動を快適に行うことができます。お金をかける場合には、時間もお金も余裕のある私たち向けのエンタメや旅行プランが待っています。

もちろん、社会と会社、家庭の不安もつきまといます。社会保障の不安もあるでしょう。ただ、私たちに向けたサービスが充実しており、場合によっては過去最高に幸せな中高年になれる可能性があることも忘れてはいけないのです。

お金はかかりますし、カモにされているのは明らかです。ただ、時間もお金も余裕があり、昔好きだったものに没頭できる、ターゲットにされているがゆえに、面白いものが登場し続ける。これも歳をとることの魅力です。

## 顧問業、大学教授、地方議員など、意外な職業に就くことができる

「私に○○なんか、なれっこない」

私たちは何度、夢、なかでも職業について諦めてきたのでしょう。そもそも夢と職業が過度に結びつくのは日本の難点です。また、なりたい仕事というのは常に更新されていくものです。幼少期の憧れの職業、たとえば、野球選手やサッカー選手、パティシエ、花屋さんになれなくても、人生は楽しく進んでいきます。やりたいことよりも、収入や生活を優先するという考えもあります。やりたい職業を諦めることもあるでしょう。

中高年になると、早期退職、役職定年、収入が下がる再雇用など、何かと働く人生が下り坂になるかのような感覚に陥ることがあります。中高年には、仕事がないのではないかと思い、さらには、自分自身が何もできないのではないかと思いこんでしまうことがあります。

しかし、中高年には、意外に職業の選択肢が広がることもあるのです。あなたの経験は

役に立つのです。

コンサルタント業、顧問業は実は、会社を離れた人が就きやすい職業の一つです。世の中には、1億円プレイヤーのコンサルタントが多数います。「私にコンサルタントなんて無理」と思う人もいるでしょう。ただ、少しだけ冷静になりましょう。いかにも高そうなスーツを着て、経営者にプレゼンするようなコンサルタントを想像するかもしれませんが、実はこの仕事はどこにでも存在する仕事なのです。しかも、多様な分野でコンサルタントはいます。経営コンサルタントだけでなく、たとえば、人事、経理、財務、営業、販売、ものづくりなど多岐にわたります。しかも、活躍しているのは、その世界でトップをとった人、社内で出世した人とは限らないのです。ごく普通に係長クラスで定年を迎えた人でも、コンサルタントとして活躍しているのです。

私はこれを「中の上」理論と呼んでいます。最高峰の知識、技術を持っていなくても、世間の人に対して、わずかにでも上回る何かがあれば、納得感のある報酬をもらえる程度に稼げるのです。特に、周りにもっとデキる人が履いて捨てるほどいて、「私なんて……」と自分を責めてしまうような人ほどチャンスです。当たり前の基準が高い世界にいるから、自信をなくすのです。世の中、全体からみるとあなたのスキル、経験は貴重なのです。お金を払う人、貴重だと感じる人がいればビジネスになるのです。というわけで、あなたにもコンサルタントになれる可能性があるということを頭の片隅に入れておきませんか。

同じく、縁がないようで意外に可能性のある職業が、大学教授です。これも専任教員、特任教員、非常勤講師で着任する難易度は変わるものの、50代、60代になると運、縁があれば意外に就きやすい仕事ではあります。日本の大学はいま、「実務家教員」と呼ばれる、実務の経験のある教員を求めています。「博士号はもちろん、修士号も持っていない」という人もいることでしょう。ただ、50代以上になると、社会での経験、実績を考慮し、これらの学位を持っていなくても大学教員に、しかも専任教員で着任できることがあります。

もちろん、大学教員として、しかも専任教員として採用されやすい経歴というものはあります。たとえば、私立大学には、定年退職する前後くらいの年齢の元新聞記者、放送局出身者などがいます。ジャーナリズムに関わってきたという肩書が活きるケースです。その他、ものづくりに関わってきた人などです。大学の教員は公募により募集されますが、運や縁などから、声がかかることもときにはあります。

日本の大学の未来は先行き不透明ではあります。なんせ、少子化が進んでいます。今後、定員割れの大学はますます増えるでしょう。大学も統廃合され再編は進むでしょう。一方、未来のある若者に触れることができる機会でもあります。未来をつくることに関わることもできます。ぜひ、自分の生活圏内の大学の募集要項を開いてみてください。

中高年の活躍の場が広がるのは、地域社会での仕事です。町内会など地域の活動、ボランティアに没頭するという手もあります。私自身、30代の頃にマンションの理事となり、その関係で町内会の役員に就任しました。だんだん、テレビや新聞に私が登場している様子を見られて、身バレしていったのですが、「あの青いマンションに住んでいる若旦那」という扱いで、新鮮でした。夏祭りから防災から何から何まで対応する日々で、そこにはビジネスとはまた別のつながりがありました。

地域社会への貢献という観点から、地方議員になる人もいます。これまた縁遠いと思うでしょう。ただ、地域の活動に没頭していると問題意識が高まって、気づけば地方政治の世界に進むという人もいるのです。そして、地方議会は地域によってはなり手が少なく、困っているのです。

自分のスキル、経験は意外なところで活かすことができます。そして、考えてもいなかったような職業に就くことでき、劇的な第二の人生が待っているのです。自虐的にならないでください。

## 人間関係が気持ちよくなる

人間関係をリセットできる、気持ちよい関係を再構築できる。これが年齢を重ねることのメリットです。気持ちよい人間関係を手に入れれば、人生は楽しいです。

人が会社を辞める理由として、上位に入るのは人間関係です。仕事は好きなのに、職場の人間関係は嫌いという人も多いことでしょう。日本の雇用システムは、仕事に就くものではなく、会社に所属するシステムであり、そんなことも相まって人間関係で苦労します。

一方、年齢を重ねるにつれ、よくも悪くも、価値観や波長が合わない人と付き合わなくなるようになります。コミュニケーションのために、過度な時間とコストをかけないようになり、人間関係が楽になっていきます。

50代以降の人間関係のために、ちょっと練習をしてみましょう。SNSを見る頻度を減らす、LINEなど各種メッセージの返信をゆっくりにする、年賀状や暑中見舞いをいったんやめてみる、などです。メッセンジャーによっては、取込み中、連絡不可などのサインを出すことも可能です。「そんなこと、できないよ」という人もいることでしょう。いや、やるんです。すると、自分にとって大切な人が誰か、気持ちよい人間関係とは何かということがわかります。

特に私がおすすめしたいのは、「年賀状おさめ」です。年賀状のやり取りをやめてみませんか。私は、小学生の頃からずっと年賀状を書いてきたのですが、平成から令和になったあたりで、いったんやめました。完全にやめたのではなく、人生の節目にもう何度か送ろうという前提でやめてみました。結論からいうと、全く困りませんでした。これまで毎年、プライベートの年賀状を200通ほど送っていたのですが、やめた途端、届くのは20〜30通程度になりました。みんなもやめたがっていたのではないかと確信しました。中には、年賀状のやり取りだけを続けている人もいたのですが、他の連絡手段がありますし、最後にやり取りした年賀状のデータを保存してあるので、再開もできます。コミュニケーションの目的化で疲弊していたのではないかと思った次第です。

〝周波数〟が合わない人、会っても疲れる人とは距離をおく、これは気持ちよい人生の大事な鉄則です。これからの数十年も苦手な人に振り回されて生きるのですか？　50歳をすぎると、様々な誘いも断りやすくなります。家庭や健康上の理由など、相手が飲みなどに誘いにくくなる理由はいくらでもつくれます。いや、ナチュラルにわいてきます。

大学時代に講義でお世話になった恩師の一人から、大変に心に残るお別れを切り出されたことがあります。「80歳を迎えるにあたり、人前に出て交流するのは、今年で最後にしようと思いました。お別れをさせてください」と。毎年、その先生を囲む同窓会が開かれていたのですが、ある年で最後になってしまいました。正直、戸惑ったのですがその先生らしいお別れだなと思い、納得した次第です。もう会えないと思っていたら、ばったり会うことができ感激したのですが。ただ、人と会う、会わないということについて期限を設ける、ルールを設けるという姿勢は学びたいです。

ある大御所女性俳優が、晩年、自宅に押しかけた記者団に対して「私は女優です。今の私は皆さんの前に出られるような状態ではありません」と宣言したのは、素敵でした。自分のこうありたいという姿にストイックだから、そう言うのですよね。

もちろん、私たちはまだそこまで年齢を重ねていません。えらい立場の人だから言えるのだろうと思う人もいるでしょう。ただ、人付き合いについてルールを設けず、流されるという危険について警鐘を乱打したいです。もう会わないと宣言するのもありではないですか。

別の切り口で50歳以降の人間関係が面白くなるのは、人間的に丸くなるからです。若い頃なら、きっと切れたであろうシーンでも笑ってすごすことができるようになります。バンドは中高年になってからの方が楽しいという声がSNSでバズっていましたが、言いえて妙です。そう、音楽性の違い、主導権など、つまらないことでギスギスしなくなるのです。お金も時間もありますし。

気持ちよい人間関係をいかに構築するか。何をしないのかを明確に、これからの人生を楽しみましょう。

## 健康に気をつかうのは、案外楽しい

中高年になることの喜びは、健康に気をつかうようになることです。気をつかわざるを得ないとも言いますが……。健康に気をつかう日々は案外楽しいものです。

黙っていても歳をとると、体の老化は進みます。若い頃には信じられなかったようなことが起こります。たとえば、老眼になったとき、白内障や緑内障の疑いをかけられたとき、血糖値で健康診断にひっかかったとき、脂肪がなかなか落ちなくなったときなどに老いを感じます。非常に言いにくいことですが、性生活が心身ともに成立しなくなったときなどもそうでした。具体的な病気にかかるわけでなくても、心身が衰えたなと感じた瞬間はやってきます。

一方、まるで中古の家を購入するかのように、あるいは中古車や中古楽器をメンテナンスしつつ、使うかのように、健康と向き合うことは意外に楽しいものです。心身は正直です。何が問題なのかを把握すると、人生は楽しくなります。やりくりは楽しいのです。つまり、自分という車を大事に乗りこなすにはどうすればいいかを考えましょう。そして、このやりくりこそが楽しいのです。

長寿、健康こそが最強の武器である。私はそう確信しています。いくら優秀でも、健康な心と体を失ってしまっては意味がないのです。最悪、死んでしまいます。

たとえば、論者の世界では、田原総一朗さんという巨人が君臨しています。この本を執筆している途中で、90歳になった彼の何がすごいのか。それは、長く続けていることです。何度か健康不安説もありましたし、ついに2024年の秋には長年続いた『朝まで生テレビ！』は、地上波での朝までの生放送を終え、BSでの夜の2時間放送に移行しました。彼は田中角栄以降の歴代日本国首相全員にインタビューをし、政策提言までしてきました。そのうち数名は、彼が引導を渡したと言っても過言ではありません。今も、日々、取材に没頭しています。正直、彼よりも優秀なジャーナリストは多数いたと思います。ただ、彼が圧倒的にすごいことは何か。なんせ、長生きであることです。90歳になっても、朝まで司会をするくらいには元気です。長生きは最強の武器なのです。

健康に関することは、自分という骨董品、ヴィンテージギターを扱うものだと思うと、面白くなります。まったくの自分語りですが、私が健康に目覚めたのは、31歳のときに肺がんの可能性があると医者に告げられたときです。体調不良で医者に行ったところ、肺に影があると言われました。がんセンターへの紹介状を書いてもらいました。幸い、シロだったのですが、自分の命が終わるかもしれないと自覚しました。

私は緑内障、白内障の疑いがある上、脂肪や血糖値もやや高めです。隠れ肥満でメタボ気味です。一方、7歳の娘がいるので、60代までは必ず生きなくてはなりません。そうであるがゆえに、健康には気をつかいます。子供が生まれてから酒をやめました。まったく後悔していません。また飲みたいとも思えません。酒をやめて、いつも車移動できるようになり、快適な生活になりました。飲んだ次の日が辛いということもなくなりました。飲みの席は楽しいのですが、泥酔する人、タバコを吸う人、カネと愛人の話をする人が苦手となり、そういう人との会食を避けるようにしたところ、人生が快適になりました。筋トレ、そのためのジム通いも習慣化しています。30分以上の入浴、顔パック、サプリメント(これは賛否あるようですが)も習慣化しています。必ず6時間以上寝るようにしています。教育者として、親として、いらいらして人を傷つけないために、さらに論者として冷静な議論ができるように、寝るのです。

自分の健康と向き合う、体と付き合うのは案外楽しいものです。健康の不安と捉えるのではなく、健康とどう向き合うかを考えましょう。

## おしゃれが楽しくなる

「ＬＥＯＮ」（主婦と生活社）という雑誌があります。一時、「ちょい不良（ワル）オヤジ」というコンセプトを仕掛け、一世を風靡した男性向けファッション誌です。今も好調とのことです。高級ブランドを中心に、センスのよい服が並び、高い時計、さらには高級車、高級ホテルでのお泊りなどが提案されます。特に旅行、グルメ関連の記事では、明らかに不倫をイメージしたものもあり、そうであるがゆえに「ちょい不良（ワル）オヤジ」と言われるのでしょう。

しかし、この雑誌、どんな人が読んでいるのでしょう？　ある勉強会で、ボストン・コンサルティング・グループの方が言うには、実際は、「港区おじさん」的な人だけではなく、50代男性が多いのではないかとのことでした。子育ても終わり、生活に余裕ができ、これまでお世話になってきた紳士服チェーンの服ではなく、初めて伊勢丹メンズ館や、阪急メンズ東京、バーニーズ・ニューヨークなど、つまり男性向けのセンスがよく、強気なお値段の百貨店で買い物をするような人です。

50代になると、子育てなどが一段落し、自分にお金をかけることができるのです。ファッションについてあれこれ人に言われることがなくなり、自分らしい生活をおくることができます。

ファッションがこれほど楽しい時代はないのではないかと私は考えています。多様性の時代と言いますが、もっとも多様性が広がっているのはファッションではないでしょうか。

職場では服装の自由化が進んでいます。新型コロナウイルス・ショックによる在宅勤務へのシフト、働き方改革などにより、服装も髪型も自由になりました。メガバンクや総合商社など、いかにもカタそうな企業でも、自由化は進んでいます。そういえば、先日、平日夜に高校の同窓会の集まりがあり、仕事帰りに20名集まったのですが、男性でネクタイ、スーツはゼロでした。日本を代表するような大手企業でも服装の自由化は進んでいます。デニムにTシャツというラフすぎる恰好の人もいました。みんな、仕事を終え、着替えずにやってきたのですが、自由な恰好をしていました。

服を購入する場も、路面店、百貨店、ショッピングモールだけでなく、ネット通販も広がっており、何かと便利です。さらに、メルカリのような個人間売買のプラットフォームもあります。着なくなった服を売ることも以前より容易になりました。

ファッション業界は一方で、ファストファッションの台頭などにより、構造が変わっています。少しでも商品を売り切ろうと、セールも随時行われるようになりましたし、ポイントによる割引も常態化しています。業界関係者にとっては、たまったものではないかもしれませんが、よいものを安く買える時代なのです。

仕事着にしろ、プライベートにしろ、好きな恰好をしてＯＫな時代は、生きやすい時代です。同時に、自分自身が問われる時代でもあります。どんな自分でいたいのか。どんな人生を歩みたいのか。おしゃれをする自由を手に入れつつ、楽しく前に進みましょう。

## 「サブカル好き」を隠さなくてもよくなる

中高年になる最大の楽しみは、お金も時間も自由に使えるということではないでしょうか。好きなことに没頭することができる、それに対して石を投げられないこと、このメリットはもっと語られていいのではないかと思います。


「時間がない」「お金がない」を言い訳に、私たち50代は20代から40代にかけていろんなことを諦めてきました。忙しいと本が読めなくなる、いや忙しいことを言い訳に本を読まない、これがビジネスパーソンでよく見られる姿です。本を腹いっぱい、しかも何度読んでも石を投げられない、読書に限らず、趣味に没頭しても石を投げられないのが中高年です。音楽、映画、スポーツなど、趣味に没頭しまくれる時間が、すぐそこにあります。

中高年だからといって、いかにも文化度の高い、高尚な趣味に没頭する必要はありません。盆栽、写経、寺巡りなどをわざわざ始める必要もありません。いや、これらにもともと興味がある方であれば、始めていただいても結構です。ただ、大方の人は「難しそうで趣味にするのは不安だな」と感じていると思います。無理してやる趣味は趣味ではないです。ストレスになりますし、長く続きません。好きなことを腹いっぱいやりましょう。

特にこれからの50代は、「サブカルチャー好きであること」を隠してはいけません。幼少期からアニメ、ゲームなどに囲まれて育った私たちは、そのまま好きなことを好きでいればいいのです。オタク上等、なのです。

いまはサブスクで映画やアニメ、ライブ映像など何でも視聴できる時代です。私たちが若い時に作られた作品を手軽な方法で観ることができます。漫画喫茶も昔のように危ない場所ではなく、充実しています。好きな漫画を全巻揃えるのもよいでしょう。私たち50代よりも上の世代が同じようなことをしたら、「ちょっと……」と思われかねなかったことが思い切ってできるというわけです。毎日が「週刊少年ジャンプ」（集英社）の発売日であるかのような、ワクワクする日が待っています。好きなことにどれだけ時間をかけても、石を投げられることはありません。

何歳になっても、オタクと言われる趣味を卒業しなくてすむのが、今どきの中高年の希望です。ロックのライブも、アニメのイベントも中高年がちゃんと参加しています。そして、私たちはよいお客さんなのです。

映画にしろ、ライブにしろ、イベントにしろ、行くとよい意味で同窓会のような雰囲気を味わえます。同世代の仲間たちが同じ趣味を卒業していないと思うと、ワクワクします。そして、私たちはお客さんとして常に手厚く接してもらえるのです。

サブカルの話中心になりましたが、これまでできなかった趣味や体験にお金をかけることができます。「青春18きっぷ」での全国旅行などは、若者よりもむしろ中高年にピッタリの趣味です。お金があれば、船、乗馬などの趣味にもチャレンジできます。昔の先輩のSNS投稿をみると、クルージングを楽しんでいる様子に嫉妬してしまいます。

いままでの人生はワーク・ライフ・バランス、ライフ・ワーク・バランスと言いつつ、ワークが中心でした。「ライフ」を考える時がやってきたのです。

## 時間の主導権を握ることができる

やりようによっては、時間の自由、主導権を手に入れることができるのが、中高年になってからの幸せポイントです。仕事に没頭しつつも、定時に帰り、好きなことに没頭するという楽しい日々が実現できるかもしれません。

「時間の主導権」という概念を、私は20年近く前から提唱しています。なぜ、忙しくなるか？　その理由の一つは、時間の主導権を他人に握られているからです。さらには、自分の処理能力を超える仕事や家事を抱えているからです。これについて「自分の時間管理能力がなっていないからだ」「自分の能力が不十分だからだ」などと自分を責めるのも問題です。別の項目で触れた自己責任グセそのものです。また、「周りが残業しているから」「上司がいて帰りにくい」などが語られますが、実際は残業の実態調査においては、この選択肢を選んだ人は意外に少ないのです。突き詰めると「時間の主導権」これにつきます。

なお、関連して、日本でみんなが誤解している「生産性」「労働生産性」という概念について触れておきます。私たちは、「生産性が低い」という言葉を日常的に使います。しかも、関わっている「人材」の「要領が悪い」「手際が悪い」「仕事ができない」と同義くらいの認識で使っています。これは、大きな誤解です。生産性とはまさに、インプットとアウトプット、投入量と成果物の関係によって成り立っています。単純に関わる「人材」のパフォーマンスだけでは決まりません。生み出すものの価値が高いかどうかがモノを言います。やや極論ですが、ダラダラ働いていても、ダイヤモンドなどの貴金属や、原油、レアアースのような貴重な資源を取り扱えば、生産性は向上するのです。また、人間だけで頑張らずＡＩや機械を活用するという手もあります。生産性＝関わっている人材の能力や努力、創意工夫にすり替えられるのは「自己責任グセ」そのものです。

中高年になった今、人生は折り返し地点です。健康に生活できるのも、あと20〜30年なのだと考えると、自分に残された時間は意外に少ないことに気づきます。世のため、人のためもいいですが、自分にどれだけ時間を使っているか、振り返ってみるといいでしょう。

もちろん、仕事にしろ、プライベートにしろ、自分が意図せざるかたちで忙しくなってしまうことがあります。そう、中高年は出世しようとしまいと、会社や社会で頼りにされてしまうことがあるのです。家族の介護や育児などの関係もあることでしょう。

とはいえ、残りの有限な人生、なんとかやりくりできないか。自分にとって大切なことにできるだけ時間を使うべきではないか。そう考えてみませんか。忙しい人は時間管理に取り組んで、時間をなんとかつくりだす、逆に暇な人も自分の時間を把握し、何にどれだけ時間をかけるか考える、これに取り組んでみてはいかがですか。

「なんとしてでも、作家としてデビューしたい」「関東の低山を制覇したい」「世界遺産めぐりをしたい」「トライアスロンを70歳まで続ける」などという大きな夢だけでなく、「少しでも家族と一緒にいる時間を増やしたい」「読書の時間だけは確保したい」「週に数本は映画をみたい」というような人生で大切にしたいこともあるでしょう。ただ、このような夢や希望にあふれた取り組みもそうですが、「つまらない飲み会に参加したくない」「お付き合いで参加する会合を避けたい」という想いもあることでしょう。なんせ時間は有限なのです。いつの間にか、なくなってしまっているのが時間なのです。

ここで時間の主導権問題です。今の職場に在籍する時間も、残りわずかです。そこでの仕事や人間関係のために自分を犠牲にしてはいけません。好きなこと、やりたいこと、重要だと感じること以外は、断るという意志を持ちましょう。この意志を持ち続けているといいことがあります。それは、誘われにくくなるということです。

ちなみに、私は仕事に追われる日々を送っているだけでなく、主夫であり、家族の食事、さらには買い出しを担っていることを公言しています。酒を飲まない人でもあります。いや、40代までは浴びるように飲んでいましたが、いまは「飲めない」と言ってもよい状態です。本当に、正月に神社に行ったときの御神酒も飲みません。結婚披露宴の乾杯も、炭酸水を持ってきてもらいます。いまや、洋菓子やケーキに入っている微量の洋酒で酔うようになりました。酒をやめてから「ちょっとだけいいじゃないか（立派にアルハラ、アルコールハラスメントですが）」という一言や儀式での飲酒すら避けてきたわけです。このことを公言していると、誘われなくなります。

誘われても飲み会に行かない人、誘いにくいキャラとして認定されると、逆に自分が誘うとレア感が増します。そして、自分に時間や場作りの主導権がまわってくるので、誰を呼ぶか、どこで食事をするかをデザインできます。

ちなみに、私は普段の縁はともかく、食事の席においては、絶対に誘われても行かない人というものを設定しています。それは、過剰に、しかもややグレーな金儲けの話をする人（ビジネスの話は別です）、自分の性愛自慢をする人です。大学の教員として極めて不適切なフレーズですが、ストレートに言うと「カネとオンナの話に熱い人」ですね。儲け話自慢、不倫やキャバクラ・風俗通いの話をする人とは二度と一緒に飲みません。さらに、食事の場を選ぶ際に、口コミの点数を基準に語る人は、食に対する価値観がそもそも異なり、自分の舌や目を信じない人なので、これまた二度と一緒に食事をしません。混雑していて静かに話ができないうるさい店を選んでくる人も、人と話す意志が弱い人、センスが悪い人なので、やはりそうです。くれぐれも言いますが、あくまで食事という席を一緒にしないというだけです。縁は大事にします。私は「食」というものを大事にして生きているので、そこでの価値観で互いに嫌な想いをしたくないですし、私のような人と食事をするとその人も楽しくないだろうという私なりの配慮です。

仕事にしろ、会食にしろ、目上の人がいる中でも可能な限り、自分の都合の自己主張をすることが大切です。タスクにしろ、アポにしろ、流されるから自分の時間がなくなっていくのです。会議の予定にしろ、飲み会の誘いにしろ、時には断ること、自分の条件を主張することを大切にしたいです。年長者のエゴ、圧に走ってはいけませんが、流されることをやめることで、50代以降は楽しくなります。

なお、年齢を重ねると、朝、早く目覚めるようになります。よくある中高年のあるある話のようで、朝時間をゆっくり過ごすと人生は豊かになります。私は30代前半から5時に起き、一通り仕事をし、家事をしてから出勤するようになりました。50代になってからは、毎朝、近所の池を一周、散歩しつつ考え事をすることを日課にしています。まさに、朝時間を活用し、時間の主導権を握れるようになったわけです。頭がすっきりした状態で、仕事に集中できます。仕事に関する事務連絡も、この時間帯に行っておくと、9時台には、つまり始業時間と同時に返信があるので、全体のスピードがはやくなります。時間の主導権を握る。これにより、今後の人生は楽しくなるのです。

**「人生の忘れもの」に決着をつけることができる**

小学1年生の娘を育てていると、人生について発見することが多々あるわけです。その一つが、「そうか、小さい頃は夢がたくさんあったな」ということです。この時期の子供の興味関心、夢は常に変化します。「歴史の先生」「NHKのアナウンサー」「バリスタ」と、ここ数ヶ月でも変化しました。行きたい場所というものもあり、数年前には、大河ドラマで興味をもったとのことで、城巡りにつきあわされ、名古屋、京都、大阪、姫路を巡りました。ホテルが大好きで、旅行に行く際の宿泊施設選びも娘が関わります。カフェなどで突然、「ねえ、ホテルに行こう」と言い出すことがあります。「パパ活か？」と周りがぎょっとして振り向くと、本当のパパだったという瞬間がよくあります。

ふと、私自身、そういえば、やりたいこと、行きたい場所などをずいぶん諦めてきたことを思い出しました。いや、キャリアに関しては、「夢を叶える」のがすべてではなく、「叶えられる夢と出会う」ことも大切なわけです。常にやりたいことは更新されていきます。「やりたいこと」がすべてではありません。「できること」「やらなければならないこと」から人生が広がることもあります。叶えた夢もあります。なんせ、「内地に出ること」つまり、進学、就職を口実に札幌から東京に出ることは夢でした。著者になることも、テレビやラジオに出演することも、大学教員になることもそうでした。一方、諦めた夢、さらには忘れてしまっていた夢もあります。「北米、南米の国立公園巡りをする」『天国にいちばん近い島』のニューカレドニアに行く」「海外で学ぶ、働く」「プロレスラーになる」などです。また、夢のようで実現可能性が高い目標もあります。仕事では「新語・流行語大賞」にノミネートされる言葉、コンセプトを生み出すこと、本がベストセラーになること、後世に残る本を書くこと、ミュージシャンとして夏フェスに出ること、100万円分の楽器を買い漁ることなどです。中には、この本がヒットすればすぐ実現できそうなこともあるわけですけど、ちょっとお金と時間があれば実現できることまで諦めてしまっていたことに気づくのです。思えば、生きていくことでせいいっぱいだったし、日々、それなりに楽しく、夢のことを考える余裕がありませんでした。緊急度の高いことに追われ、緊急度は低いものの、重要度が高いものを置き去りにしてきました。

私の周りの素敵な50代、60代の先輩たちは、このような人生をかけた夢、いや「人生の忘れ物、落とし物」を大事に回収しています。50代で早期退職制度にのる人は、これを機会に「人生の忘れ物、落とし物」に目覚めるのです。気づけば、やりたくもないこと、心から共感しない仕事で、保身のために生きていないかと。たくさんの商品を売ってきて、社内では評価されてきたけれど、実は自分は、価値がないものを売りつけることが上手だったことで評価されたのではないか、というわけです。

人生の折り返し地点はすぎていますが、まだまだ若いです。再挑戦する姿は、一部で呆れる人がいるかもしれませんが、共感を呼びます。なんせ、自分が楽しいです。

定年退官間際に「私が本当にやりたかったことは、漁業なんだ」と、文化人類学者から漁師になった人がいます。総合商社の定年退職前に、若い人と働きたいとスタートアップ企業に飛び込んだ人がいます。田舎暮らしをしたいと、写真スタジオ、家具店を廃業し、長野の山奥に引っ越す人がいます。「価値のないものを売りつけてきた、いままでの罪ほろぼしをしたい」と、マーケティングの責任者として働きながら大学で非常勤講師をし、未来ある若者を育てる人がいます。「自分の人生をかけた仕事を学術的に総括したい」と大学院に入り直す人もいます。「今年こそ、小説家デビュー」と文学賞の新人賞に応募し続ける人がいます。「俺がやりたかったのは、ラーメンなんだ」と人気カレー店を閉店し、ラーメン屋を始める人がいます。皆、私の半径５メートル以内にいる人です。いいじゃないですか、人生の忘れ物、落とし物を回収していて。

思えば、若い頃は、好きなことに没頭していると、世捨て人、現実逃避、高等遊民などのようにくくられました。「最近の若者は夢がない」と叩かれ、いざチャレンジすると無謀だ、真面目にやれ、将来が心配だと叩かれます。さすがに、社会にも選択肢が増え、多様性が認められ寛容になってきましたが。気づけば、若者に「夢を見ろ」「現実を見ろ」と人に「見ろ」と連呼する割に、自分の目の前すら見えていないカッコ悪い大人が増えているのです。

人生の忘れ物、落とし物を回収しても叩かれない、嫌われない。これが中高年が得している点です。これを認識し、回収しに行くことで楽しい人生を送っている人がいることに気づいてほしいです。

### 生きる喜びを実感できる

50代以降をどう生きるか。そのヒントをもらうために、年上の方々に会い続けました。といっても、昔の先輩やご近所さん、仕事上のつながりがある人が中心ではありません。収入の低下、働く喜びの喪失、家族の介護、自身の健康などなど不安要素は多々あるのではないかと思っていました。ただ、私が数十名の方と会い続けて、いたった私のシンプルな結論があります。それは「みんな、人生を楽しんでいるなあ」というこの一言です。

もちろん、論者として、大学教員として、この手の言説には気をつけるべきだと思うのです。周りにいる人を論拠に物事を論じてはいけません。よく「格差だ、貧困だと言うけれど、私の周りにはそういう人はいない！」という言説があり、「だから格差も貧困もない、問題ない」と言い出す人がいますが、この言説自体が、格差が存在する可能性があることを物語っています。つまり、周りにそういう人がいない（と感じる）こと自体が格差なのです。

一方、当事者に取材をすると当初の想定とまったく異なる答えが返ってくることもあります。差別や格差の当事者、逸脱したとみられる行為をしている人たちが、そのことを認識していなかったり、その合理性を主張したりすることもあるわけです。問題当事者による問題性の否定ですね。たとえば、私はブラックバイトと呼ばれる、シフトを強引に組まれるなどバイト漬けの日々をおくる当事者に取材をし続けたことがありますが、当事者はそれがブラックバイトだという認識がない上、むしろ家庭よりも学校よりも居心地がよく、学びが多いと感じていました。ブラックバイトだとされるアルバイト先は、学生が戦力化・基幹化しているがゆえに、退職されると困るので、モチベーションが上がるよう熱心に取り組んでいました。ブラックバイト研究の流れで、歓楽街で働く学生、セックスワーカー学生の聞き取り調査をしたこともあります。よりわかりやすく言うと、キャバクラ、ガールズバー、コンカフェ、風俗店などで働く学生です。彼女たちからでてくる声は、その仕事の合理性でした。学業に真剣に取り組むには、大学院進学や留学などの夢を叶えるためには、これがベストではないけれど、ベターだと。そして、性交渉を伴わないガールズバー、キャバクラよりも、酒を飲まなくてすむ性交渉を伴う店のほうが学業と両立できて、合理的という声も聞きました。有名大学、理系学部、医学部に通う学生、大学院生などからこのような言葉を聞くわけです。ちなみに、今どきの若者はソープ嬢のことを「お風呂屋さん」と呼びます。ゾッとする人もいるでしょう。また、問題の当事者は、その正当性、合理性を話しだすもので、だから良いとは言いません。ただ、自分たちが抱く「かわいそうな人たち」「倫理観が崩壊した人たち」という像ともまた異なるわけです。やや話が脱線しましたが、他者への想像力が必要だということです。

50代以上の、人生の先輩たちは、親の介護、収入減などと向き合いつつも、楽しくやっていました。年収一千五百～二千万円で働いていた人が、今は、区の図書館やプールなど公共施設を活用し、お金をかけずに楽しくやっている姿は素敵でした。様々な企業の顧問として、若い人たちに囲まれて生活している姿も痛快でした。人生の喜びはワークだけではありません。むしろライフが大切です。だいたい、子供たち、若者たちが「夢」を語るときに、職業に関連した話ばかりが出てくるというのは、社会に夢がないからだとも言えませんか。子供や孫の成長を優先する生き方をしている人がいます。たくさんの子や孫から、時代の流れを感じる日々をおくっている方は素敵でした。地元の商店街で食品を調達し、一部は自分の庭や畑で野菜や果物を育て、質素な生活をしている人もいました。これまでの家具や書籍などを断捨離し、シンプルでミニマムな生活を送っている人もいました。

彼ら彼女たちの生き方は、大変に若々しく、見ていて元気をもらいました。流行などに振り回されず、好きなものを選び、一部は若い人でも着こなせないような派手な服を着ているわけです。カフェや居酒屋で、彼ら彼女たちに話を聞きましたが、私よりもずっと若くて元気でした。ふと、50代、60代を恐れ、年齢を重ねることに萎縮していたのに気づきました。

寅さんこと『男はつらいよ』シリーズの39作目『男はつらいよ　寅次郎物語』のこのセリフが好きです。

満男「伯父さん」
寅「何だ？」
満男「人間てさ」
寅「人間？　人間どうした？」
満男「人間は何のために生きてんのかな？」
寅「何だお前、難しいこと聞くなあ、ええ？　うーん、何て言うかな。ほら、ああ、生まれてきてよかったなって思うことが何べんかあるじゃない、ね。そのために人間生きてんじゃねえのか」
満男「ふーん」
寅「そのうちお前にもそういう時が来るよ、うん。まあ、がんばれ、なっ」

まさに寅さんくらいの年齢の方の話を聞きましたが、この答えになっていないような答えに、50代以降の生き方のヒントがあると思った次第です。何にせよ、かわいそうな人の話ばかりが伝わります。ただ、忙殺されて気づかなかったような、生きる喜び、日々の小さくても確かな幸せを噛み締められる、それが50代以上の生きる幸せなのではないでしょうか。元気に生きる、先輩たちに、私は勇気をもらい、ついつい悲観的に見てしまうクセを反省したのでした。「自己責任グセ」を捨てようと思ったのでした。

コラム

## 「理不尽なこと」はすべて「週刊少年ジャンプ」から学んだ

言うまでもなく「週刊少年ジャンプ」は日本を代表する漫画雑誌であり、50代の特に男性はハマったことが一度くらいあると思います。ピークの1995年には653万部という漫画雑誌の最高発行部数を記録しました。本誌や単行本を読んでいなくても、アニメや映画、玩具、ゲームを通じてジャンプキャラと出会った人もいることでしょう。当時は「週刊少年ジャンプ」で連載し人気が出た漫画を、東映アニメーションがアニメ化し、フジテレビで放映し、バンダイが商品化するという

「黄金の三角形（厳密にいうと四角形、ですが）」が存在しました。

80年代に雑誌の方を読んでいた人にとっては、読者投稿コーナーの「ジャンプ放送局」や、ファミコンに関するコーナー「ファミコン神拳」も楽しみだったことでしょう。前者はネットにおける投稿文化にも影響を与えているのではないかと私は見ています。後者は『ドラゴンクエスト』シリーズのヒットに貢献しています。広告欄も味わい深かったです。「空手の通信教育」やトレーニング器具の「ブルワーカー」なども忘れられません。なお、私はブルワーカーをいまだに持っています。広告では、ひ弱な男性がこれを使うとムキムキの体型になり、なぜか日焼けまでし、モテモテになっていました。会社員時代、これを取り扱っている企業に訪問する機会があり、「どのような方がユーザーなのですか？」と聞くと、「自分に自信がない人ですね」と言われ、複雑な心境になりましたが。思えば、高校も大学も通信教育の「進研ゼミ」で第一志望に入りました。この「進研ゼミ」のＤＭは、勉強と部活の両立に悩む若者が、「進研ゼミ」で成績アップを勝ち取り、クラスの憧れの異性とも関係が近くなるというものでした。異性との関係以外は、「進研ゼミ」で実現しました。通信もので夢を抱き、実現した人生でした。ありがとうブルワーカー、進研ゼミ。

もっとも、「中年」の「ジャンプ語り」については、誰もが盛り上がりそうなネタのようで、噛み合わなかったりします。そう、いつからいつまで読んでいたのか、推し漫画は何か、どれくらい熱いのか、詳しいのかという点は個々人によって違うのです。これは、中年がBOØWYや尾崎豊、THE BLUE HEARTSについて熱く語りつつも、どうせ代表曲のサビくらいしか知らないのと一緒です。

個人的に思い入れの強い漫画は『ブラック・エンジェルズ』『北斗の拳』『こちら葛飾区亀有公園前派出所（以下、こち亀）』『聖闘士星矢』『キン肉マン』『ウイングマン』くらいです。他の漫画は読んだり、読まなかったり、まちまちでした。これらの漫画に関しても、連載の時期によってはさめたりもしていました。たとえば、『こち亀』が好きだったのは1980年代までで、それ以降は流行紹介漫画風になったり、キャラも増えたりして、いまいちのれなくなってしまったのです。『キン肉マン』も一番熱かったのは、タッグトーナメント編くらいまでで、王位継承編はストーリーに無理を感じたり、原作者の病気による休載期間があったりして、その間にさめてしまったのでした。

他の人気漫画（と言われるもの）については、あまり熱くなれませんでした。『キャッツ・アイ』や『シティーハンター（CITY HUNTER）』はエロい描写なんかもあってドキドキしたのですが、ストーリーを理解できなかったのです。『きまぐれオレンジ☆ロード』も読んでいましたが、主人公同様、内容そのものが優柔不断でした。『ドラゴンボール（DRAGON BALL）』に至っては、初期のレッドリボン軍との戦いあたりは夢中になって読んでいましたが、桃白白やピッコロ大魔王が出てきたあたりからさめてしまったのでした。「フリーザって誰?」という感じです。『SLAM DUNK（スラムダンク）』は、主人公がヤンキー風の髪型だった頃しか読んでいません。『ハイスクール！　奇面組』や『シェイプアップ乱』は理解できませんでした。『魁!!男塾』も初期のシゴキ漫画だった頃は好きでしたが。「週刊少年ジャンプ」については、ついつい熱く語りたくなるのですが、実はすべてが共通の体験かというとそうでもないのです。それぞれハマった時期やハマり方は違うのです。いつの間にか記憶が更新されてしまうというのは中年のよくある問題です。そう、あたかも「中年は誰でもジャンプにハマった」かのように思ってしまうのです。これは音楽だってそうで、尾崎豊や岡村靖幸、フリッパーズ・ギターを熱心に聴いていたのはクラスで数人だったのに、カラオケで友人たちが歌う様子をみたり、様々な記事で伝説扱いされたりしているので、いつの間にか記憶が更新されていくわけです。

同様に気をつけたいのは、私たちはジャンプから何を学んだのかという問題です。よく、ジャンプといえば「友情、努力、勝利」だと言われます。しかし、本当に私たちが学んだのはむしろ「理不尽さ」ではないでしょうか。

「週刊少年ジャンプ」は、アンケートハガキ至上主義、さらには編集者の介入で知られています。読者アンケートで人気が下がった作品は強制終了されてしまうというものです。ジャンプとその関係者を描いた漫画『バクマン。』にもそのあたりの事情は描かれています。『ドラゴンボール』が格闘路線に変更になったのもそのあたりに事情がありそうです。

特に印象に残っている打ち切り劇と言えば、『魁!!男塾』の著者として知られる宮下あきらが手がけた『瑪羅門《バラモン》の家族』です。もともとは読み切り漫画だったということもあり、長期連載は想定していなかったのかもしれませんが、1年もたずして終了したのは正直、意外でした。余談ですが、この漫画は酒鬼薔薇聖斗事件で犯人の少年が犯行声明文に劇中の台詞を引用したことで話題になりました。

最終回は大変に理不尽なものになることがあります。たとえば、『ハイスクール！奇面組』などは、一連の作品の中身がヒロインの夢だったともとれる終わり方で、賛否を呼び、論争となりました。

なお、この「強制終了」の問題だけでなく、「強制続行」というものもあります。人気があるので終わらないのです。『北斗の拳』など、ラオウを倒して終わってくれたらまさに「わが生涯に一片の悔いなし」だったのですが。『ドラゴンボール』にしても、強制続行の果てに、最後は唐突な終わり方をしています。

設定についての矛盾も多数あり、そこからも大人の事情を学びました。『魁!!男塾』に至っては、当初、巨大すぎるだろという身長だった大豪院邪鬼が適度なサイズに途中から変化していたりもしました。『ジョジョの奇妙な冒険』の第二部では、第一部で天涯孤独だという設定だったキャラ、ツェペリの孫が登場し、もう、よくわかりません。著者の「おとなはウソつきではないのです。まちがいをするだけなのです」という釈明も謎でした。

強さのインフレもジャンプから学んだことです。『ドラゴンボール』を途中で読むのをやめたのもそこからでした。だんだん、かめはめ波を出しても決まらなくなっていきます。見開き全部がかめはめ波という展開を何度も見たような気がします。初期から登場しているクリリンの立場が気になってしまいました。これぞ、同期トップ出世と、万年平社員の差のようなものですかね。

われわれ50代は「友情、努力、勝利」はビジネスの世界では必ずしも通用しないことを思い知らされた上、企業によっては成果主義、実力主義が叫ばれ、競わされ、理不尽な展開や、強さのインフレ的に重たい目標を背負わされるなど、まあ、つらい思いをしてきました。これぞ、ジャンプが予言してくれたことではないですか。

同僚に足を引っ張られたりすると「友情」とは何か信じられなくなります。異動、転勤、出向などはジャンプ的な無理ゲー（状況を打破することは不可能であることを意味する言葉）的展開だとも言えます。昇進・昇格したところで、さらなる敵が現れてくることもジャンプが予言していたことです。何よりも、毎回、査定があるたびに、読者アンケートと理不尽な強制終了・続行を思い出してしまいます。

保身のためにくれぐれも言いますが、ジャンプのことを嫌いなのではないです。でも、本当に学んだのは実はこういうことだったのではないでしょうか。『北斗の拳』のアミバ様の「ケンシロウ、暴力はいいぞ!!」風に「社会人は、いいぞぉ」と言われ続けているような気がします。実際は『ジョジョの奇妙な冒険』風にいうと、自分自身に「貧弱! 貧弱ゥ!」と叫びたくなる日々なのですが。

思えば、『ONE PIECE』が始まったのは、私が社会人になった1997年でした。「海賊王に俺はなる!」と主人公のルフィが叫んでから、四半世紀以上経っているのに、彼はまだそうなれていません。

私たちロスジュネの人生そのものです。

ありがとう、「ジャンプ」、そしてルフィ。世の中の現実を教えてくれて。

# 第3章

# 50代の処世術

## 「5年後、10年後にどうなっていたいか」を具体的に考える

50代のこれから先の人生について「怖い」と思っている方ほど、まず、立ち止まって、自分を見つめましょう。これからどのような変化が起こるか。50代以降の未来年表、未来予想図を書いてみませんか。

新卒の就活の定番質問というものがあります。

①自己PR
②学生時代に力を入れたこと（ガクチカ）
③志望動機
④5年後、10年後どうなっていたいか
⑤無茶ぶり質問（臨機応変に対応できるか、発想はユニークか、あるいは論理的に考えられるかを問うもの）
⑥逆質問（学生からの質問）

ということの6つです。これを丁寧に聞くと30分くらいの面接時間はあっという間に過ぎていきます。あくまで新卒の面接の定番質問ですが、人生で何度もこのような問いに直面

したように思います。

この中の「５年後、10年後にどうなっていたいか」という質問は、思えば今から30年近く前、私が就活をしていた時にもよく聞かれました。いかにも、もうすぐ定年を迎えるという感じの、疲れたおじさま面接官からそう聞かれた時は「あなた、その頃、会社にいないだろ」と毒づいたりもしました。実際、大学時代、お世話になったある先生は就活の話をすると、「お前、その面接官、もうすぐ、死ぬんだろう?」とコメントしてくれました。その先生は、その後、著書が売れ、有名になりました。いつか、ふれてやろうと思っていたネタでした。

技術がどんなに発達しても、未来は予測不能です。平成に入ってからの出来事を振り返ってみても、感染症に国際紛争、大震災や原発事故などなど、思えば予想もつかないことが起こってきました。大学時代に流行ったスピッツの「チェリー」そのものです。「きっと　想像した以上に騒がしい未来が僕を待っている」と。もちろん、国際紛争のように専門家ならある程度、予測できるリスクも中にはありますが……。

社会も会社も自分も変化することは間違いありませんが、一つだけ確実なことは、５年後、10年後という時期は死なない限り確実にやってきて、その間、自分も周りの人も歳をとるということなのです。

ただ、「5年後、10年後」のことは現実的には誰にでも問われるものであり、現実的に、切実に、このことを考えなくてはならないのです。ここでの論点は、夢を描けるかどうかではありません。夢を描くことなら誰でもできます。私たちは「より現実的に、近い将来のことを考えなくてはならない」、ということなのです。

なお、未来について最も予測可能な指標は、人口に関するものです。生産年齢人口が今後、減っていくのは明らかです。端折って言うならば、若年層が減り、高齢化が進んでいくのです。

中高年は5年後、10年後を現実的に考える機会を月に数回は持ちたいです。その際にも、人口動態がもたらすインパクトは考慮しなくてはなりません。5年後の人口の数、および構成から考えると、ビジネス、プライベートにおいて、どんなリスクがあるでしょうか。実際、私も当事者ですが、教育機関に与える影響は絶大です。定員割れする大学、募集停止になる大学も増えてきました。文部科学省も、大学の統廃合を進める方針になっています。人口減少が進む地方などにおいては、これまで通りに公共サービスが提供されるのか、不安になります。

5年後、10年後についてリアリティを持つためには、まず自分や周りの人の年齢に5か10を足してみることをおすすめします。親、子供、友人・知人、取引先……頭の中にパッと浮かんだ人たちの年齢に5や10を足してみるのです。そして自分やその人の進学、結婚、出産、育児、介護などのライフイベントについて、何が起こるか考えてみてください。さらにこれらのライフイベントに加え、5年後、10年後の日常生活の様々な場面で何が起こっているかを考えておきたいものです。たとえば、母親が風呂場で転倒するかもしれない、子供が突然学校を退学すると言い出すかもしれない（これは必ずしもネガティブとも言えませんが）、妻が病気になるかもしれない……などなどです。一方、年金の支給が始まる、様々なものが無料になる、高齢者価格になるなどの変化もあります。

残念なことに、最近は身の回りの環境だけではなく、生きていくための環境を考えなくてはならなくなりました。特に公共交通機関や物流に関して、不安を抱えるエリアは今後、増えていきます。都心にはちょっとした手軽なスーパーがあまりなく、あるとしても高級スーパーやコンビニだったりします。日用品の買い出しに不便を感じるシーンが多くなるかもしれません。また、自動車や自転車を使わなくなるとバスに頼らざるを得ないときもあるのですが、運転手不足などから運行本数を減らすバス会社もあり、最寄り駅や役所などへのアクセスも容易ではなくなります。自分たちの生活の前提を疑わなくてはならないのです。既に、モノが当たり前にその日に届く、地方によっては鉄道やバスが運行しているという前提すらゆらぎ始めています。

このように、「5年後、10年後にどうなっていたいか」にリアリティを持つことは、大人である私たちにこそ大事なことです。さて、あなたはどうなっていたいですか。いや、せざるを得ないことは何でしょうか。

## 「エア転職活動」をしよう

「役職定年で年収が下がる。転職したら、いくらもらえるのだろうか?」
「会社の中に居場所がなくなってきた。50代から転職するという手もあるのではないか」
「自分の市場価値は、どれくらいなのだろうか?」

そんなことで悩んでいる人はいないでしょうか? 悩んでいても始まらないので、「エア転職活動」をしてみませんか。世の中の現実を知る上でも、何より自分の強み・弱み、現在の職場の長所・短所などを把握する意味でも、私は「エア転職活動」をおすすめします。「エア転職活動」とは、本気で転職する気がなくても、お試しで、ゆるく、転職活動をしてみることです。

出向・転籍、役職定年や賃金のシニアテーブルへの移行など、担当する業務や年収が突然、悪化するなどというリスクに対応することができます。また、年収ダウンや、今までの担当業務とはまるで違う仕事を任されるという世知辛い状況に限らない話です。昇進・昇格、抜擢人事、これによる昇給などは一見すると嬉しいかもしれませんが、その人にとって本当にやりたいこととは限らない場合もあるわけです。大げさなようですが、寿命を縮めてしまうことだってあるわけです。そのために、選択肢を意識しておきましょう。

まずは、人材紹介会社に登録してみませんか。登録はネット上からでもできます。リクルート、パーソル、ＪＡＣ、マイナビ、エン・ジャパン、ビズリーチなどが知られていますが、他にも経営層に特化したもの、業種・職種をしぼったものなどがあります。

登録の際には、ネット上でエントリーシートのようなものを入力しなくてはなりません。自分の個人情報から、学歴、取得している資格、これまでに担当した業務などです。率直に、面倒臭い作業ではあります。入力項目は多岐にわたりますし、資格欄などに書けることが少ない場合など、自信をなくすことだってあります。書いていて、しっくりこないなと思うこともあるでしょう。でも、それでいいのです。この入力するという行為が大切なのです。これで、自分のこれまでの歩みを振り返ることができます。

なお、書いていてますます自信をなくす人がいるかもしれません。よくあるパターンが、「私は所詮、有名大学を出て、〇〇社という大手企業だから通用したのだ」「会社で自慢できるような実績が一つもない」と自虐的になる人がいます。たしかに、大手企業というブランドにしがみつき、外で通じるような力がない、少ない人は実際にいます。プライドだけはあって、大手のブランドを手放せない人だっています。大手企業でリストラを行う際に「娘の披露宴が終わるまでは、○○社の社員でいさせてほしい」と懇願する人もいます。企業や家族への愛を感じるような、企業に依存しているような、複雑な心境になるコメントです。ここでは、自信があろうとなかろうと、事実を書き出します。

登録の際に「転職を検討したい」「面談を希望する」などのチェックボックスがあるので、ここはいったん、「はい」にしておきましょう。単に登録するだけでなく、実際に面談を受けた方が、転職した際に何が起こるのか、実感できるはずです。

面談を受ける、これこそがエア転職の最大の魅力です。これにより、自分の市場価値、課題などを知ることができます。面談時間は業務が終わった後の夜の時間に設定することが可能です。無理のないタイミング、会社が早く終わる日を選んでいきましょう。面談のための拠点はオフィス街の、アクセスの良い場所に設置されているので会社の帰りに行きやすいです。最近では、オンライン面談も可能です。まさに、昔の教え子が人材紹介会社で求職者の面談をキャリアカウンセラーとして担当しているのですが、彼ら彼女たちも在宅勤務でオンラインで関わっています。双方、便利な時代になりましたね。

さて、肝心の面談のポイントですが、自分の仕事や職場に関して満足している点、不満な点、今後のキャリアの不安などを包み隠さず話してみましょう。もっとも、キャリアカウンセラーもプロなので、あなたにとって話しやすい雰囲気を作ってくれて、言いづらいこともどんどん引き出してくれるはずです。逆に言うなら、あなたがどれだけ隠し事をしようとも、思わずホンネが出てしまうという可能性もあるわけです。これまでの仕事、職場について聞いてもらいつつ、頭を整理しましょう。

面談の前後に、職務経歴書を書くように言われることもあるでしょう。これも、自分のことを知る上で、貴重な機会です。今まで、どんな仕事をしてきたのか、どんな成果があったのかを書き出してみましょう。おそらく、どんなに文書作成能力が高い人でも、職務経歴書はきっと2、3回にわたりダメ出しをされることでしょう。実はこれを書くのはなかなか難しいのですが、そのプロセスが実にためになるのです。単に、何をやったかだけではなく、なぜやったのか、どのように取り組んだのか、どんな成果があったか、社内でどう評価されたか、自分にとってどんな意味があったか、その後の仕事にどうつながったのかなどを書き出さなければならないのです。しかも、業界・社内にだけ通用する言葉ではなく、他業界の人にとってわかりやすく書かなくてはなりません。なかなか大変なのですが、このプロセスを通じて、自分のこれまで取り組んできた仕事、強み・弱み、価値観などが明らかになるのです。エア転職の最大のメリットです。

この職務経歴書ですが、企業によっては毎年、査定のための面談があり、そのために成果をまとめる機会があることでしょう。また、仕事の成果についての報告書を書く機会もあるかと思います。このような資料や仕事のアウトプットを振り返ってみるという手もあります。自分がしてきた仕事の進化、意義、試行錯誤を確認することができるでしょう。ちなみに、私は教え子たちに、就活を前に大学に入学してから今まで書き溜めたレポートを全部読み返すように、スマホにある写真を一通り見返すようにと指導しています。簡単にこれまでの歩みや成長を確認することができます。

先ほど、自信があろうとなかろうと、仕事で経験したことはとにかく書き出してみるとおすすめしました。キャリアカウンセラーと面談をしたり、実際に企業に応募したりしてみると、意味付けをすることができます。

やや不謹慎なたとえですが、経験者採用、なかでも50代以上の採用は、中古マンション、中古車、さらには私の趣味に引きつけていうと中古楽器の売買に似ています。中古マンションなら築年数、中古車なら年式や走行距離、楽器なら経年劣化しやすい部品の状態などが気になるのと一緒です。ただ、気づいた方もいらっしゃるかと思いますが、いまあげた例は誰でも気にするものの、実際はうわべの指標です。売買のプロはより踏み込んで状態をみます。さらに、何かオプションがついていないかを確認します。たとえば、中古の不動産では、築年数は20年を超えているけれど、メンテナンスが行き届いていてボイラーやトイレなどは交換してある、さらに見晴らしもいい、など細かい部分が魅力になります。同じように、経験者採用においては、本人がまったく忘れていたような経験、何のウリにもつながらないと思っていた経験が評価されることがあります。何でもないようなことがあなたを幸せにするのです。自分だけでは価値がわからないので、カウンセラーの方、応募先の採用担当者に評価してもらうことは有意義なのです。

なお、人材紹介会社は数社登録することをおすすめします。各社によって、カウンセリングや仕事を紹介する方針が違いますし、持っているクライアントも違います。キャリアカウンセラーによっても違います。スキルの違いもあります。セカンドオピニオン、サードオピニオンを大事にしましょう。

具体的に転職先の候補を出してもらうのも良いでしょう。世の中の現実がわかります。いま、どの業界・企業に人が動いているのか、転職するとしたら、どれくらいの年収になり、どのポジションが約束されそうなのか。世の中の現実に気づくことができるのです。「そうか、メディアで話題のこの企業が人をこんなに求めているのか」なんていう現実に気づくこともできます。

特に人材紹介会社の場合、「非公開求人」というものがあるのが魅力です。求人サイトや新聞広告、自社のサイトには載らない求人です。「著名なキーマンが退職するので、その穴を埋めなくてはならない」「新規事業に参入しようとしていて、そのために人材を大量募集しようとしている」「M&Aを強化するので、その業務を担うことのできる人材を採用したい」など、他社に知られてはまずい求人などです。これらは人材紹介会社などを通じて、極秘のうちに採用が進められるのです。求人の具体的な情報は、面接に行って初めてわかるなんていうことだってあります。

求人を紹介してもらうことは、自分にとっても有益です。「そうか、今、転職しても年収は下がるのか」「知名度の低い会社の求人しかないのか」「役職も思ったほど上がらないのか」などです。求人の紹介を受けることは、張り手を受ける行為であるとも言えます。自分の実力ではこれくらいがやっとなのか、と。

もちろん、人材紹介会社にも悪知恵のようなものがあります。「これくらいしか仕事がないぞ」と脅した方が、紹介しやすいというわけです。デキる人を適切な値段で売ろうとするからです。高く売ることができれば、人材紹介会社も、求職者も得をするのですが、紹介しづらい場合はやはり年収を下げろという話になります。

なお、人材紹介会社はどうしても社内のルール、基準などから杓子定規の対応をすることもあるわけです。求人があるけれど、年収、ポジションなどに納得がいかないという場合もあるでしょう。エア転職ではなく、本気で転職したい場合は、友人、知人のツテを頼るという手もあります。年齢を問わず、転職活動の第一歩は周りの人に、しかも一見すると関係が薄そうな人を含め「転職・転身を考えている」と一言、言ってみることです。実は会社を経営している友人が、人材を探しているなどそんな話を聞くことができるかもしれません。

このエア転職活動で見えるものは何でしょうか？　自分の市場価値のようなものはもちろんわかります。自分のキャリアというものを見つめなおすことができます。しかし、実はここで可視化されるのは、今の職場の素晴らしさ、今まで自分が積み重ねてきたものではないでしょうか。今の職場がいかに恵まれているのかということに気づくでしょう。もちろん、業界の先行きには不透明感もありますし、より不安な転職をするよりも、今の業界・企業をなんとかしようというマインドで働いた方がずっと得だし、やりがいもあります。役職定年、定年後の再雇用などで年収やポジションが下がる可能性はありますが。とはいえ、年収が全盛期の半分になったとしても、同じ職場、業務で働き続けている人もいるわけです。何をとるか。立ち止まって考えてみましょう。エア転職で、改めて自分自身と、業界・自社の現実を把握してみませんか。

## 「エア移住」をしてみる

エア転職同様、おすすめしたいのが、「エア移住」です。実家がまだ存在する人、あるいは、どこか希望の移住先がある人は、そろそろ真剣に考えましょう。「実家に戻るとしたら、それはいつか?」「移住するとしたら、いつ、どこに移るか?」です。

「いや、実家に帰るなんて、ありえない!」「地元が東京だし」「マンションを買ったばかりだし」など、そもそもUターンや移住などあり得ないという人もいることでしょう。しかし、立ち止まって考えてみてください。人生、何が起こるかわかりません。特にUターンは、家族の健康や、遺産相続、事業承継などにより、突然、起こり得るのです。新型コロナウイルス・ショックで移住に注目が集まった時期もありましたし、別荘やリゾートマンション購入などによる、多拠点生活ブームも何度かありましたね。中には、月5万円程度の賃貸物件を国内数ヶ所に借りているという人もいます。旅をするように仕事をするわけですね。

北海道へのUIターンに特化した人材ビジネス企業、リージョンズ社の「北海道UIターン白書」をつくるお手伝いをしたことがあります。UIターン転職の理由の9割はプライベートな事情でした。これはあくまで「転職」にしぼった調査ではあります。ただ、よく言われるQOL(クオリティ・オブ・ライフ)の向上、故郷への貢献や恩返しという美談ではありません。これが現実です。

　とはいえ、選択肢として、ＵＩターン、移住を検討しましょう。自治体にとっては、いかに移住者を増やすかが課題となっています。各自治体がＵＩターンを支援するための組織を立ち上げており、ノウハウセミナーやカウンセリングなどを実施しています。オンラインでも受けられるので、活用するとよいでしょう。また、移住支援策というものもあり、仕事だけでなく、住居の紹介まで行ってくれる自治体もあります。中には、空き家の優先斡旋、さらには公営の住宅の家賃を払い続ければ、将来的に自分のものになるという神対応の自治体まであります。たとえば、私は２０１６年から石川県の「いしかわＵＩターン応援団長」を拝命していますが、石川県の取り組みは至れり尽くせりです。移住した人の具体的な取り組み、移住希望者への支援策の紹介をリアル、オンラインで毎月実施していますしかも、石川県内の移住エリア別のセミナー、業種・職種別のセミナーも開催しているので、コンテンツの魅力度も高いです。

　移住にはそれなりに準備が必要です。仕事探し、物件探し、引っ越しの準備などを考えると、納得のいく、さらに無理のない移住のためには、検討し始めてから１年かかることもあります。

移住を考えたときに検討するべきことは、一にも二にもその地域のことを知ることです。仮に地元にUターンするにしても、よく調べるべきです。これまで頻繁に帰省していたとしても、です。進学、就職などのライフイベントで18歳、22歳で地元を出たとすると、意外に美味しい店のことも、地元のビジネス界のことも知らないものです。生活者視点と、ビジネスパーソン視点では大きく異なるからです。特に地元の経済の実態や、優良企業、成長企業のことなどは意外に知らないものです。

まず「悠々自適な田舎暮らし」なる幻想を捨て去ることです。たいていの場合、ロードサイドに広がるのはコンビニ、ファミレス、ファストフード、スーパー、ファストファッション、カーディーラー、さらにはラブホ、家族葬ホールです。ごく普通の画一化された郊外です。「田舎でスローライフ」なるものは存在しなくはないですが、幻想かもしれないと認識しておきたいです。

移住により得られるものは、実は仕事の面白さです。本社が地方にありつつも、都市部に、世界につながっている企業は存在します。また、自分の仕事の責任も増します。

一方、いまはネットがあるし、交通網も発達しています。以前より地方で暮らすデメリットは解消されていることも認識しておきたいです。

地元で今、流行しているものについても敏感になっておきたいです。労働者は生活者でもあるのです。生活者視点で、その地域で暮らすことは果たして楽しいのかということを考えておきましょう。家族とともに移住を考えている人は家族への影響についても頭に入れておかねばなりません。家族構成によりますが、教育、保育、医療、介護などに関する情報はチェックするべきでしょう。

まったく縁もゆかりもないエリアの場合、その地域の風土についても知っておきたいです。風光明媚で食材も美味しくて物価が安くても、保守的な風土、男社会であることがすべてをぶち壊していくというエリアもあります。残念ながら。

その点、移住者が多いかどうかも知っておくとよいでしょう。特に移住者が集まるコワーキングスペース、コミュニティなどがあるかどうかはチェックをしておくとよいです。新型コロナウイルス・ショックのときに、国の予算でワーケーション施設が多数設置されました。「移住者」ではなくても、外部からの訪問者が多いエリアというものがあります。

簡単に言うと、観光を楽しみながら働くことができる施設です。他の県からワーケーションにやってくる方が多いエリアだと、地元の保守的な空気が中和されます。

生活費の実態についても調べておきましょう。「地方は物価が安い」という話がありま す。たしかに、物価は安いのですが、それでもその地域の中での都市部では高くなります。

さらには、地方特有の出費というものもあります。たとえば、クルマ移動が前提で、ガソリン代や維持費がかかる、冬の寒さを凌ぐために灯油代がかかるなど、都市部での生活では考えられなかった出費が増えることもあるのです。
手っ取り早いのが、地元の家族、友人・知人に相談にのってもらうことです。その地域で働く上での醍醐味、魅力と課題を確認することができます。生きた情報を大切にしましょう。

移住を本気で考えるなら、「時期」の問題についても考えておきたいです。林修先生の「いつやるか？ 今でしょ！」が流行語になってからだいぶ経過しました。今、言うのはなかなか勇気がいる言葉ではありません。ただ、私は移住に関しては「いつやるか？ 今なの？」理論を提唱しています。自分や家族の年齢、今の仕事でやり遂げたいことなどを考えて決断したいです。いつ移住するのかを冷静に考えましょう。

移住先も慎重に考えたいです。自分にとって合いそうかどうか、仕事と家庭の両立は可能かどうか。自分が実現したいと思っていたことを叶えられるかどうか。問われるのは、就職・転職活動とまったく変わらないです。「あなたは、何を大切にしたいですか」ということです。

「視察」のための帰省、旅行も有効です。実は帰省するという行為自体、私たちビジネスパーソンにとって大切な行為であるという点を確認しておきたいです。

たとえば、親の「終活」支援をいまから意識しておく。中にはもう親が他界している人もいるかもしれません。存命の場合、親がいま、どのような生活を送っているのか、これからどうしたいのかを一緒に考えたいところです。

スマホがあれば、親と日々メッセージのやり取りもできますし、ビデオ通話だってできます。とはいえ、家族の衰えは帰省して一緒に過ごしてみることによって気づくものです。生活をともにすることで、健康のシグナルを発見しやすくなります。親の現状を確認する上でも帰省は有益です。いつまで今の実家に住むか、老後のやりたいことなども確認しておきたいです。資産がある場合は、相続の具体的な話をするのも手です。不要なものの処分なども、もし親が納得するなら、今のうちにすすめておくといいです。

## 自分はもう若くないということを認識する

・『機動戦士ガンダム』『北斗の拳』について熱く語る。
・ユーミンについて熱く語る。
・カラオケで歌う曲が、昭和か平成初期（ただ、背伸びして最近の歌を歌うともっと痛い）。
・バンドブームについて熱く語る。
・部下とAKB48、乃木坂46、櫻坂46、日向坂46などの話になると、おニャン子クラブの思い出で対抗しようとする。
・話題にする映画がいちいち古い。『バック・トゥ・ザ・フューチャー』『スター・ウォーズ』は地雷。
・ファッションのリバイバルブームを知り「昔、私も着ていた」と語る。

これらは典型的なアラフィフ仕草です。ロスジェネ、しかも前期ロスジェネにとっての「当たり前」は今の20代、いや30代前半にとって、少しも当たり前ではありません。気づけば、おっさん、おばさんの昔話をしていないでしょうか。

ロスジェネ、特に初期ロスジェネはベビーブーマーでもあり、前述したように、最後のマスとも言われています。若者が消費しなくなったと言われる中、この世代は何度も、何度も消費のターゲットとして狙いうちされているわけです。たとえば、毎年秋になると、コンビニにはサッポロビールの「冬物語」が再発売されて並ぶ。これなど、まさしくアラフィフ、ロスジェネ向けのマーケティングです。様々な商品のCMソングに、90年代のJ-POPカバーが使われ、何度も若い頃を思い出します。五年に一度、松任谷由実のアニバーサリーベスト盤が投入され、収録曲がかぶるのにもかかわらず、思わずチェックしてしまうのです。私がそうです。なお、このベスト盤、40周年が「日本の恋と、ユーミンと。」45周年が「ユーミンからの、恋のうた」だったのですが、50周年が「ユーミン万歳！」とストレートすぎてズッコケました。同世代の友人と横浜アリーナでのライブをみたのですが、その時点で69歳にして歌い、踊り、動く竜に乗る姿は圧巻でした。ただ、年をとっていることに、もう若くないということに気づくべきです。

普段の雑談で、若者風を装うためにサブカル話などをしようと頑張る人もおられると思いますが、実はそれ自体が、おっさん、おばさんの証明なのです！　おっさん、おばさんが、ずっと昔に流行っていたサブカルを話題に持ち出し、熱く語り出したら……若手社員はびっくりしますよね。結果として、若手社員に見下されてしまっているのです。あえて言おう、中高年であると。私たちは20代、30代ではないのです。

まずは若手社員の流行事情を知る。ここから始めるべきではないですか。いかに若手社員の文化が変化しているか、自分が相対的におっさん、おばさん化しているかを理解できるはずです。

トヨタの管理職から聞いた話が実に印象的でした。トヨタの上司は部下とのコミュニケーションを大事にします。職場で「最近、どうだ」と声をかけるし、部下の表情が曇っていないかも観察します。面談の時間もしっかりとります。

さらには、部下、後輩の趣味を把握しようとします。バンドをやっているという部下がいたら、その音源を聴かせてもらうのです。そこまで努力して、若手社員のことを理解しようとしているのです。

部下や後輩が見ていそうなドラマはひたすらチェックするというのも、地味なようで大事な努力です。ある地方銀行の40代管理職は、中高年の女性一般職との会話のネタ作りのために、朝の連続ドラマなど、部下が見ていそうなドラマを録画して見ています。好き、嫌いなどを別として、見るのです。

他にも、若い人を理解するためにおすすめの方法があります。それは、彼らの「年表」を振り返るのです。たとえば、30代半ば以下の部下、後輩は既に平成生まれです。彼らの生まれた年を調べ、時系列にしたがって振り返り、どのような世界を見てきたか、つまり、何歳の時にどのような社会的事件を経験したか、どんな流行を通過しているかを調べるのです。そうすることでその人への理解が深まります。

「最近の若者は……」という理不尽な評価をされたアラフィフ、ロスジェネ世代の私たち。その私たちがいつの間にか、若い人に対してそのような態度をとってしまっていないでしょうか。そう、自分たちはかわいそうな世代だと思っていたら、とっくに中年になってしまっているのです。若者の気持ちをわかっていそうで、わからない、「ウザい先輩」になっていないでしょうか。

どの世代も、どうやったら会社で、社会で生き残るかを考えなければならないわけですが、同世代が「ウザい先輩」として会社や社会の中で小馬鹿にされている様子を私は看過することはできません。

バブル世代、ゆとり世代とそれぞれ呼ばれる世代をつなぐのがロスジェネの役割だと思っています。自分たちはもう若くないことをいったん受け入れて、他の世代、特に若い世代を理解することを意識したいです。

まさかいないと思いますが、『北斗の拳』の話を飲み会でするアナタ、おまえはもう死んでいる。

### 「ネタ帳」づくりのすすめ

嫌われる中高年の法則といえば、話が面白くないこと、昔話、自慢話、説教（頭文字をとってＭＪＳと言われます）が多いことです。さらには、同じ話を何度もすることです。これに気をつけるだけで感じがいい人、相手のことをわかっている人に変身できます。まだまだ続く仕事人生においても、プライベートにおいても、役立つ技です。

突然ですが、あなたと会うことは、相手にとって有益なものになっているでしょうか？社内外でミーティングを設定する際に、相手がなかなか時間をとってくれない、アポ設定の返信が遅いなどということはないでしょうか？

「オレ、嫌われているかも……」

と疑心暗鬼になる人もいることでしょう。たしかに嫌われているのかもしれません。ただ、嫌われているならまだわかりやすいです。残酷なのは、別に嫌われてはいないものの、アポの優先順位を下げられているケースです。これまでのやりとりから「この人とのアポは有益ではない」と判断されてしまっているのです。

特に50代以降、気をつけないといけないのは、昔の関係性を利用して人にお願いするケースです。たとえば、50代で起業、転職、関連会社への出向・転籍などをし、新しい環境で仕事をする際に、元同僚や部下、昔の友人・知人のところに商談などをお願いすることがあると思います。そのアポイントをとる際などに、「あなたは有益な人なのか、そうではないのか」ということが顕著に表れるのです。一回だけなら会ってくれるかもしれません。ただ、それっきりで終わることもよくある話です。申し訳ないですが、一回きりで終わってしまうのは今のあなたには魅力も付き合うメリットもないからです。「平井ちゃん、たのむよー、仕事をまわしてくれよ」などと寄ってくる元上司ほど、痛くてウザい存在はありません。会ってくれるのは、相手にとって役立つ何かを持っているからです。その一つが、何か役に立つ情報提供をできていたかどうかという点につきます。

これはプライベートでも同じです。友人・知人であれ、意中の異性であれ、食事などに誘っても返事が遅かったり、やんわりと断りの連絡がくる場合は、あなたが相手にとって優先順位が低い可能性があることを意識しておきたいです。いや、今までの人生で、わかっているはずでしょう？

もちろん、相手が本当に忙しかったり、都合が悪かったりする場合もあります。相手が誰だろうと付き合いの悪い人、自分の時間を大切にするために公私ともにアポに対して乗り気ではない人もいます。

そこで周囲の人に対し疑心暗鬼になってはいけません。自分に会う優先順位が低いのではないかと立ち止まって考えることをおすすめします。相手の反応が思っていたよりも芳しくない場合、これまでの仕事で十分な信頼を勝ち得ていないのだと心得るべきです。特に、会った際の会話、対話で滑っていなかったか、振り返ってみましょう。会っても有益ではないと判断されたから、アポが取りにくくなったというわけです。

もちろん、何がなんでも人と会う時間を増やし経験を積むという考えは否定しません。無知なりに相手に一生懸命ヒアリングすることによって、好印象を与える手もあります。想いは通じることもあります。

ただ、その分、ガッカリの連鎖が広がっていたりしないでしょうか？　会ってみたのに、そこで最新の流れについていけないことに気づく場合もあるわけです。人に会うのは、その場でしかわからない話を聞くためです。ニュースやSNSではわからない、現場感のある何かがなければ、意味などありません。結果として自分や、自社の価値を落としていませんか。逆に有益な情報を提供する人は重宝されます。尊敬する人材ビジネスの経営者の方は、リクルート社員時代、取引先からプロとして尊敬され、管理職になるまで55ヶ月連続の目標達成を成し遂げました。彼は、人材に関するありとあらゆる最新事情と深いノウハウを持っていました。飛び込みで訪問しても、経営者が金融機関とのアポよりも優先するほど、信頼されていました。

一昔前に、セルフブランディングなるものが流行りました。ただ、「盛った」プロフィールを作るよりも大事なことは、仕事での信頼を勝ち得ることです。そのためにも、コミュニケーションの命中率、相手にとっての満足度を上げるべきなのです。

相手にとって「この人と会って得だ」と思われるためのコツとして、私は「ネタ帳」を持つことをおすすめします。まるでお笑い芸人のようだと思うでしょう。ただ、これはビジネスの会話を弾ませる上でも、アイデアを生み出す上でも取り組むべきことなのです。さらに、アラフィフあるあるの「いつも同じ話をする人」を脱するためにも大事な取り組みです。

このネタ帳は、紙のメモ帳、ノートでも、スマホやPCに搭載されているメモでも構いません。何か面白い発見があったら記録する。たまに読み返すと発見があるのですが、別にそうしなくてもよいです。ネタ帳をつくり、記録するという行為そのものが、情報感度を高めるし、発想に良い影響を与えるのです。誰に何を話したかのログをとる人もいます。否定はしませんが、ネタをメモする習慣をつけるだけで、常に相手に対して新しい面白い話をしようという姿勢に変わります。結果として、会って得をする、相手のためになる自分に変身できます。

単に情報を集めるだけではなく、誰にどの話をしたら響くかをいつも考えています。しかも、単に面白い小話にするのではなく、相手にとって有益かどうかを意識しています。

仕事柄、経営者、人事部や広報部の社員、官庁や自治体に勤務する公務員、メディア関係者と会うことが多いのですが、このような方が生の情報を仕入れることができていない分野は就職・転職活動をする若者の実態、若者の就労意識です。普段からの大学での接点や、取材活動、このテーマに関する情報収集をもとに、伝えます。それが相手にとってどういう意味があるのかを意識しつつ、ポイントを話します。この積み重ねにより「わかっている人」「有益なネタを提供してくれる人」として認識されるようになります。

私の場合は、テレビやラジオの仕事が増え鍛えられた部分もあります。15秒で、誰にでもわかる、しかも面白くてためになる話をしなくてはならないのです。ただ、会社員時代も、売れる営業担当ほど情報が豊富で、有益なネタ提供を行っており、そんな様子をみていました。仕事に関係ある分野でも、それ以外でも構わないので、ビジネスの会話の中での滑らない話をストックするのです。きっと会話を弾ませるきっかけになるし、情報感度も研ぎ澄まされるはずです。

コミュニケーションの命中率を上げるにはどうすればいいか。当たり前のことですが、相手はどんな人で、何に困っていて、何をしてもらうと嬉しいのかを考えてみましょう。中高年が嫌われるのは、そのセンスが致命的に悪いからです。

初めて会う際には、その企業のことや、会う人のことを可能な限り調べておいた方が良いことは言うまでもないです。もっとも、事前に調べたことで相手について決めつけてしまってはいけません。あくまでイメージする材料としましょう。また、いかにも「ちゃんと調べましたよ」とアピールするのも良くないです。事前に調べた上で、あくまで教えて頂く姿勢で質問をするのです。自分が話す量を減らし、相手に7割は話してもらった方がよいです。この話す絶対量を減らすのは中高年の大事な処世術です。

何かを伝える際は、相手の立場を意識する。立場といえば役職や年齢もそうですが、話題との距離を意識してどれくらい丁寧に説明するのかを考えましょう。たとえば、プライベートで親の介護や、実家の片付け、あるいは自身の生活習慣病の話をするとしましょう。相手がその当事者かどうかによって、話をどこまで伝えるかは変わってきますね。当事者ではない場合は、前提から伝えなくてはならないですし、相手が関心を持ちそうなポイントを中心に話すべきです。相手にとって、すぐに役に立つ話ではありません。将来に役立つ、あるいは身近な話題として役に立つように、切り口や表現方法を工夫して伝えるべきです。

ミーティングは常に真剣勝負です。相手の言動を深く分析する時間にするべきです。なぜ、そのような発言をしたのか、その意図は何か、それに対して自分の答えの内容と伝え方は最適だったかどうか振り返ることを意識する。さらに単に互いの存在を確かめあうだけではなく、コミュニケーションが機能しているかどうか、命中率が高いかどうかがモノを言います。振り返ることです。中高年は、正社員の男性、プロパー中心の環境で生きてきた人が多く、実は今まで世の中からするとまともなコミュニケーションをとっていなくても困らなかったという人がおり、そういう人は、苦労するわけです。

会社員時代に、入社3年目でトヨタ自動車担当に抜擢された、伝説の営業担当者と仕事をしたことがありました。彼は顧客からの期待を高めるために、顧客の関心事を深く理解していました。よくある、ヒアリングに力を入れるという話だけではありません。彼はいつも、相手の反応をメモしていました。つまり、食いつく話、そうではない話、相手の目の色や、話のトーンが変わった瞬間を日々メモするのです。これにより、相手が興味のある話とそうではない話、価値基準、判断基準を分析し、常に命中率の高い話をしていました。彼はピアノ、陸上部、物理学専攻の経験から、物事には因果関係、法則があること、適切なトレーニング方法があることに気づき、これを営業活動に応用していたのでした。「会って得する人」になることを目指せば、ビジネスもプライベートもうまくまわりだします。相手にとって得するアポになっているか、会話の命中率は高いか、立ち止まって振り返ってみましょう。

### 手帳を読み返してみて、今ならできることを探す

私が企業に勤務していた頃、社内の新規事業コンテストというものがありました。このコンテストで私がどんなビジネスプランを提案していたかを振り返る機会があり、昔のメモなどを見ていて、驚くべきことに気づきました。この手のイベントで私が提案したアイ

デアの多くは、その後、何らかのかたちで世に出ているということです。当時、評価されなかったもの、ボツになったもの、もです。役員などから酷評され、悔しい想いをした企画は、かたちになり、ときにヒット企画となったのです。以前の勤務先で実現したものもあれば、別の会社から出てきたものもあったのです。

今思うと、私の企画書も稚拙でした。新規事業提案書として成立していないレベルだったように思います。アイデアを拾ってくれなかった当時の勤務先を批判するつもりもまったくないです。

ただ、意識するべきことは一つで、このように「以前は無理だった、やりたかったことが、今ならできる」という例はよくあるということです。テクノロジーの進化、ニーズの変化、業界内の競争関係の変化、規制緩和、グローバル化など、なんらかの変化によって、夢が実現することがあるわけです。

特にＩＴを中心としたテクノロジーの進化は目覚ましいものがあることは言うまでもないでしょう。昔、ＳＦ作品の中で描かれていたようなことが、いまや普通の消費者が手にしているデバイスで実現可能な時代です。端的に言うと、以前、できなかったことが、手元のスマホで簡単にできる時代がきているということです。

この「以前、やろうと思ってもできなかったことが、今ならできるかもしれない」という考え方は、別に新規事業を作るという大きな話だけではないです。普段の仕事、プライベートの取り組みなどにも活かすことができることです。

別にテクノロジーが進歩していなくても、50代だから年相応になってできること、お金や時間の余裕ができて、可能になることがあります。何が可能になっているか、確認してみませんか。

営業部にいた頃の先輩で、絶対に目標を外さずに達成し続けた人がいました。彼の秘密兵器は、なんの変哲もない、紙の手帳でした。営業目標の達成に向けて、数字に困ったら、数年分の手帳を読み返すのです。すると、そこには過去に成立しなかった商談が山のように眠っているのです。その時から時間が経っているがゆえに、たとえば自社の商品・サービスが進化していて導入上の課題が解決されていたり、先方の状況も変化していたりするのです。導入に難色を示していた先方の管理職が異動や退職などにより交代していて、方針が大胆に変わっていることだってあります。手帳を読み返すという行為は、次のビジネスにつながるものなのです。

以前、失敗した企画が今なら成功する可能性があるということも考えておきたいです。自社はもちろん、他社の企画にしろ、「ちょっと早すぎて失敗した商品・サービス」というものは、なぜダメだったのか、どうなったら成功する可能性があるのかと考えておくと良いでしょう。その時点で失敗して、笑い話になったとしても、将来はどうなるかわからないからです。

私は以前、エンタメ業界にいたことがあるのですが、そこで語り草になっていた失敗商品があります。それは、バンダイの「ピピンアットマーク」という商品です。正確には、当時存在したバンダイ・デジタル・エンタテインメント社とアップルが共同開発した商品です。

１９９６年の３月に発売されたこの商品は、モデムを搭載し、アップル社のＣＤ－ＲＯＭを読み込んで遊ぶことができる上、インターネットまで楽しめるものでした。一台で何でもできます。なんせ、手軽にインターネットが楽しめるのです。今でいうiPhone、iPadのようなものです。今なら、すべてスマホでできる話ですよね。

ただ、１９９６年という点がポイントです。時代に対して、先を進んでいました。先を進みすぎて、すべってしまったのです。時代に対して明らかに早すぎたのです。インターネット元年と言われたのが１９９５年です。ただ、それさえあくまで元年であり、やっと企業の社員にパソコンが一人一台支給され、人々がメールアドレスを持ち始めたばかりの頃です。まだ、インターネットとは何物かわからない時代だったのです。

結果として、これは日本の、いや世界のエンタメ史に残る大失敗となりました。売れたのは４・２万台程度です。世界一、売れなかったゲーム機だと言われています。バンダイはこれにより多大なる赤字を出してしまいました。

一方、ポジティブに捉えれば、アップルの創業者、スティーブ・ジョブズよりも先に、ネットの可能性に取り組んだとも言えます。自社の商品・サービス以外も含めて、あのとき、何がダメだったのかを振り返ると、教訓が見えてきます。

なお、大赤字となった商品・サービスでしたが、責任をとって辞表を提出しようとした人は、「会社の借金は働いて返せ」と言われ、会社に残り、数々の大ヒット商品・サービスを生み出しました。そのうちの一人は持株会社社長となり、一人は稼ぎ頭である事業会社の社長となりました。早めに失敗していたからこそ、ネットとキャラクターを組み合わせたビジネスで先行することができました。成功、失敗には時代がものを言いますし、失敗も未来において報われるかもしれないのです。

早すぎる失敗は笑い飛ばすのではなく、なぜ上手くいかなかったのか、そこから何を学べるか、考えるべきでしょう。さらに言うならば、大失敗したビジネスでもタイミングさえ合えば、成功する可能性だってあるのです。そのビジネスはいつなら成功しそうなのか、考えてみるとよいでしょう。

50代となった今だからこそ、今までの手帳を読み返す。きっと何か、自分の大切にしていたことが見つかるはずです。

## 評価ではなく、「評判」を大切にする

自分の評判のマネジメント、これは50代が大切にするべきことです。評価ではなく、評判です。

成果主義の時代だと言われてずいぶんと時間が過ぎました。評価というものは、残酷なほどにわかりやすくなりました。私もサラリーマンのころは評価で一喜一憂しました。賞与も乱高下しました。

「評価」というものについては、納得がいかないものも多々あります。とはいえ、評価制度がしっかりしている企業では、結果はわかりやすいです。S、A、Bなど冷徹なアルファベットで評価がつきつけられます。では、「評判」はどうでしょうか。そう、人生においては、「評判」というものが大事なのです。「評価」がない世界に身を置く際に、「評判」に対して無頓着だった場合、痛い想いをするのです。

10年ほど前に異色のタイトルの本が人事担当者、出版関係者の間で話題になりました。『会社人生は「評判」で決まる』（日経プレミアシリーズ）です。人事・組織コンサルタントの相原孝夫氏の著書です。

冒頭にこんなエピソードが紹介されています。

「A君はたいへん優秀ですが、残念ながら人望がありません」
「B君は際立って優秀ではありませんが、周囲の人をやる気にさせることができます」

あなたなら、どちらを抜擢するでしょうか？　そう、Bです。このように、「評価」だけでなく、「評判」がものを言うのです。

「評価」と「評判」は違います。「評価」は主に業績に対するものであり、企業が（上司や人事や、評価委員会が）評価したものです。「評判」は、周りの人がその人について感じていることとです。意外にもこの「評判」というものが人生でものを言います。そして、まさにロスジェネ世代はこの問題に直面しています。

特に管理職以上への昇進・昇格、抜擢は「評判」が、かなり影響してきました。前出の本に紹介されているのですが、「功ある者に禄を与え、徳ある者に地位を与えよ」という言葉があります。功は功績、業績、禄とは報酬です。「徳」があるかどうかは、周りにいる人が判断します。

「この人、仕事はデキるのだけど、評判は最悪なんだよなあ」
「営業として目標はずっと達成しているのだけど、ああいう風にはなりたくないなあ」

「あの人が課長になったら嫌だなあ」
こんな人が、職場に一人や二人いないでしょうか。きっといますよね。「評価」だけでなく「評判」がものを言うのです。

ところで、あなたは、評判がいいでしょうか？　公私ともにどうでしょう？　これからの人生は、「評価」される機会が少ないのですよ。「評判」がよくなるために、何か取り組んできましたか？

特に注意しなければならないのは、「評価」を気にする人はいつの間にか評価ばかり気にして仕事をしてしまうということです。上を向いて仕事をしているということです。上司が見ている部分だけは頑張り、目立った成果を出そうとするものの、そのプロセスにおいては、周りの人に迷惑をかける。これでは「評判」は上がりません。

評判を上げるためには、「みんなはどう思うだろうか？」という視点、どういう前向きな噂がたってほしいかを意識すること、結果だけではなくプロセスにもこだわることが必要です。普段から周りの人に気配りをして仕事をしている人というのは、たとえ短期的な成績が悪くても信頼され、評判がよくなっていくものです。特に地味な仕事、注目されていない仕事、困難な仕事、みんながやりたくない仕事などに手を抜かずに取り組んでいる人は好かれます。

より端的に言うと、仕事をしている様子の写真、動画を見返すといいですよ。いや、記念写真以外で、なかなか職場で写真を撮ることもないかと思います。とはいえ、そうか、相手にはこのように見られるのかと客観視することで、自分の振る舞いについて振り返ることができます。

私の場合、自分がいくらマイルドに接しようと、威圧感があるので、テレビ出演、討論会など激しく議論をする場以外では、意識的にマイルドに、マイルドにするように心がけています。私は身体が大きく、また眼光が鋭いので、いるだけで威圧感があるわけです。こわい人、偉そうな人と思われないように、意識的にマイルドにするようにしています。

評価より、評判。これを大切に。

## デキない人に寛容になる

「人を変えるには、〝人を変える人〟を変える」という言葉があります。トヨタ自動車のものづくり現場に伝わる言葉であり、初めて聞いたとき、感銘を受けました。その考え方に新鮮さを感じました。それは、管理職に焦点を当てていたからです。

「若手の〇〇君、営業成績がイマイチなんだよな」「〇〇さんって、全然、仕事しないいんだよな」といった、「デキない人」をネタにした会話は、社内でよく繰り広げられます。このような上司や同僚の悪口は、「酒の肴に最高」という意見すらあります。

国際性が豊かなチャレンジ精神があふれるプロフェッショナルで、社会性も身につけた個性派ビジネスパーソンたれ——。

大手企業の入社式での社長の訓示によくあるフレーズです。ますます高度な人材像が要求されています。そして、近年のキーワードは危機感、グローバル化、テクノロジーの活用、自律・自立、成長、コンプライアンスなどです。さらに、テクノロジーへの理解、多様性の尊重ですね。これらのキーワードの背景には、ビジネス環境の厳しさがありますが、新入社員に対する要求が過度になっていないかという疑問も投げかけられています。

組織にいる者に対しても、このような「デキる人を目指せ」話が飛び出すことがあります。しかし、言いっぱなしの「頑張れ」話は、暴力ではないかとも言われています。ビジネス環境が厳しい中、「デキる人になれ」とだけ連呼することは、会社の存在理由を放棄しているのではないかという批判もあります。

さて、このデキる、デキない問題を考えてみましょう。「この社員は、なぜデキないのか?」という問題は、実は深いと思います。答えは簡単ではありません。単純にその社員だけのせいにしてよいのでしょうか? ここでは、一度「悪いのは、上司ではないか」と考えてみることにしましょう。これもまた、自己責任グセから自由になる一歩です。

世の中には、ダメな管理職という人が存在します。部下のマネジメントがまるでできないのです。管理職とは、その組織の目標を達成するために、戦略をたて、部下をマネジメントして成果を出すことが期待されます。部下が成果を出すためにサポートしなくてはなりませんし、部下を育てなくてはなりません。もちろん、部下にも問題があることはよくあります。しかし、何でもかんでも部下のせいにしていたら、自分の存在意義とは何なのかという問題が生じます。もちろん、このような管理職への過剰な要望が、管理職の罰ゲーム化、無理ゲー化とも呼ばれるわけですが。

長年、読まれている本に『失敗の本質』(野中郁次郎ほか、中公文庫)という本があります。「日本はなぜ、戦争に負けたのか?」という問いについて、日本軍の戦略と組織に注目し、検証したものです。戦争はもちろん避けたいのですが、もしやるとなったら、自軍の被害を最小限にしたいはずです。しかし、戦略ミスなどでたくさんの人の命が失われてしまったのです。これが、太平洋戦争における日本軍の事例です。私の人生を変えた一冊でした。

命こそ失われることはありませんが、同じような悲劇が日々、職場で起こっていないでしょうか？　上司の判断ミスで、明らかにニーズのない業界・企業に対してアプローチさせられ、営業担当者が疲弊しているなど、そんな場面は企業でもよくあるはずです。これで上手くいかない状態を、「デキない社員」のせいにしていいのでしょうか？　いつの間にか、インパール作戦をしてしまっている職場のなんと多いことか。

「すごい上司」と言われる人はいます。スキルもモチベーションもバラバラな部下を率いて、見事に成長させ、成果を出すのです。以前、勤めていた企業には「再生工場」というニックネームの人がいました。どんなに成績の悪い営業担当者でも、その人の部署に異動すると、スキルとマインドがアップし、成果も上がるのです。その人はのちに、執行役員になりました。課が営業目標を外した時に「俺が悪かった」と言った課長もいました。他の課の業績が悪い営業担当者の素質を見抜き、自分の部署に異動させ、トップ営業に成長させた上司もいました。何でもかんでも「デキない社員」と決めつけ、自分のことを棚にあげる上司は最悪です。そして、「すごい上司」という人たちがいるのです。

ここまで書いてきて、矛盾を感じてしまいました。責任転嫁の連鎖はよくありません。完璧な人間など存在しません。上司も部下も互いに不完全な存在だと理解し、互いに優しく接することが大切です。「デキない奴」探しは不毛です。互いの気持ちを理解し合いましょう。

こういう責任転嫁は嫌われます。上司・先輩として、アラフィフは今さらですが、気をつけましょう。

## 「麻生太郎」になっていませんか?

ハラスメントに関する問題が世間を騒がせている現在、この問題については「昔はそれくらいのことはよくあった」という話がよくされます。加害者が50代以上の場合、その行動が昔からの感覚に基づいていると批判されることもあります。

たしかに、過去のドラマや漫画、アニメには、今ではセクハラやパワハラと見なされるようなシーンがよく描かれていました。なんせ、国民的漫画である『ドラえもん』にスカートめくりのシーンがあるわけですから。そのような作品には、時代背景を考慮している旨の断り書きが付いていることがありますが、今後はハラスメントとされる表現についても断り書きが付くかもしれません。

企業でも同様の傾向がありました。90年代後半に会社員として働いていた頃は、ハラスメントに関する啓発活動が始まって間もない時期でした。宴会や集会、日常の飲み会でも、今ならセクハラとされるような行為や言動が見られました。そのような状況が変わるまでには時間がかかりましたが、コンプライアンスの重視が進み、ハラスメントに関する啓発活動が行われるようになりました。

しかし、過去の経験を振り返ると、当時の自分や同僚が加害者と被害者の両方であった可能性があります。そのような状況下で芸やパフォーマンスを強要されたり、それを見て傷ついたりしたことは辛い経験でした。組織全体としても、ハラスメントに関する問題は個人の問題だけでなく、組織全体の問題として捉える必要があります。「なんかうるさくなったな」ですまさず、自分も嫌な想いをしないために、考えと行動をアップデートしましょう。

失言を繰り返す人がいます。たとえば、政治家の麻生太郎さんなどがそうです。ジェンダー関連の失言が目立っています。麻生太郎さんの失言に対しては、アンチだけではなく支持者も「またか……」とボヤキます。支持者と思われる方のSNS投稿では「さすが、麻生」という声や、失言だとされる発言について「むしろ本質をついている」というような声も散見されます。さらに「麻生節」という言い方もされます。

ただ、現状の社会通念と照らし合わせて明らかに不適切な発言も散見されます。「麻生太郎だからしょうがない」ですませてはいけません。

もっとも、読者の皆さんが困るのは、「身の回りの麻生太郎」ではないでしょうか。つまり、明らかにコンプライアンスについて無頓着な中高年たちです。職場には多くの「制御不能」な人たちがいます。しかも、こういう人たちがコンプライアンスを統括する立場にいることが多いので、たちが悪いです。気づけば、自分が「麻生太郎」になっているかもしれません。

職場の「麻生太郎」が上にいては、コンプライアンスなど浸透しません。「お前がコンプライアンスを語る立場かよ！」と職場の雰囲気を悪くしますし、取引先からの信頼低下にもつながります。

自分自身が失言や不謹慎な言動をしないように、また上司・同僚・部下にそのようなことが起きないようにするには、私たち50代は、どういったことに気をつけて、どのような行動をとればよいでしょうか。そのポイントは「情報収集・共有」につきます。「勉強」が必要です。

失言の原因は、要するに相手に対しての配慮がないからです。社内外の周りにいる人のことをよく知り、相手がどう思うかを考えましょう。特に、相手にとって不愉快に思うことは何かということを常に意識するべきです。

ここで、確認しておくべきことは、「昔はこれくらい普通だった」という話はいったんおき、「今どき、何が不愉快とされるのか」ということを意識しておくことです。プライベートに過度に介入した質問はNGです。本人の努力でどうにもならないことについて触れたり、否定したりするのもNGです。相手についても、社会常識についても学び続けなくてはなりません。一方、難しいのは、何が失言、不謹慎な言動にあたるのかを浸透させることでしょう。

ハラスメントに関しては、現在、パワハラについては法律でも明確に定められていますし、各社においてガイドラインがあります。この手の話は、コンプラ圧、ポリコレ圧などとされます。これもハラスメントかと、窮屈な思いをします。ただ、いま、何がハラスメントとされるのかという点はおさえつつ、これは相手を不愉快にしないか、相手にとってどうなのかという点を考えましょう。最近、多い事案はいわゆる下ネタ、デートへ誘う、肉体関係を迫る、身体にさわるというものだけでなく、性別役割分担、男女のあり方に関するものです。たとえば、男らしさ、女らしさなるものを固定化したり、押し付けたりするジェンダーハラスメントです。また、男女関係なく、同意を得ずにプライバシーを侵害する行為をしたり、仕事と直接関係ないことに言及したりする行為などです。本人の同意を得ずに写真を撮影する、それをSNSなどにアップするフォトハラスメント、個人に関する情報を無断で他人に開示するアウティング、服装、髪型なども含め容姿について言及するなどの行為が問題となります。「それくらい」と思うかもしれませんが、気にする人は気にしますし、業務上は関係ないわけです。

また、職場で伝統芸能的に残っている宴会芸などは注意です。無礼講と言いつつも、実際に、世の中に無礼講などそうそう存在しないものです。いや、今、厳しくなった、うるさくなったという話ではなく、昔も不愉快に思っていた人はいたわけですよ。

コツとしては、政治家や企業の不祥事報道、とくに失言やハラスメント報道があるたびに学び、周りにさりげなくインプットすることです。「そんなこと、うるさく言うのはどうなのか」という反応があるかもしれませんが、少なくとも今、社会では何が不適切、不謹慎とされているのかをインプットするべきです。

「不謹慎、不適切狩り」と言う人がいるかもしれませんが、みんなが気持ちよく働くためのポイントです。何が不謹慎とされるのかを理解しておきましょう。

## 「語り部」として、何が変わって、変わらなかったのかを伝承する

「昔話をするウザい人」になっていませんか?

ただ、昔話をするということと、事実を伝承することは別です。長年働いているという立場を活かし、世の中の何が変わり、何が変わらなかったのかを伝えることは大事です。

そして、ある時代や局面の経験、知識は時をこえて重宝されるのです。

たとえば、私の専門分野の一つである、新卒採用の世界の話をしましょう。この本を書いている2024年現在、我が国は「採用氷河期」とも言えるほどの人手・人材不足に直面しています。空前の売り手市場です。私の勤務先の大学にも、一学年約1600人なのにもかかわらず、年間3万件をこえる求人が届きます。多くの学生は3社程度の内定を持っています。売り手市場であるがゆえに、オワハラ（就活終われ、終わらせろハラスメント）と呼ばれる内定受諾の強要や、内定者研修強化という名のもとの囲い込みが横行しています。このように、新型コロナウイルス・ショックがあけ、若者も減り、劇的に人材獲得の難易度が高い時代がやってきました。こういう局面では、人材が採りづらい時代を生きた、先人の知恵が貴重になるのです。

平成の約30年には就職氷河期やリーマン・ショック直後の求人数が激減した時期もありました。逆にバブル期や平成に何度かあった売り手市場の時代に採用を経験していたノウハウは、この売り手市場の局面で活きるのです。

私が採用担当者だった2000年代半ば、就職氷河期があけてリーマン・ショックの前の、空前の売り手市場だった頃の若者たちと再会した際、彼ら彼女たちの今の活躍について知りました。その中には、既にスピード出世して海外に赴任する者もいました。

当時の状況を振り返ると、その頃の就職市場は非常に競争が激しく、リクルートワークス研究所が発表する新卒求人倍率も2倍を超えるなど高かったです。各企業が採用に力を入れ、高級ホテルでの内定者接待なども行われていました。

その当時から、企業の訴求ポイントはグローバル展開や新規事業展開、働きやすい環境などでした。特に女性にとって働きやすい環境が重要視され、厚生労働省が出産・育児と仕事との両立に熱心な企業にお墨付きを与える「くるみんマーク」を取得した企業が注目されました。

しかし、時間が経過した今でも、これらの課題は改善されつつも、まだ根本的に解決されていないようです。私自身も採用担当者として、多様な社員が活躍する企業として若者を口説き、採用したものの、現実は厳しいものでした。海外売上比率は期待されていたほど伸びない時期もあり、新規事業も成功しなかった部分もあります。

それでも、これからの取り組みに期待はできますが、過去の失敗も振り返り、改善すべき点を見つける必要があります。私は若者たちが会社や社会を変えていくことを期待しています。

一方、彼ら彼女たちと話す中で、あの時代の試行錯誤を思い出しました。採用活動に関係なく、学生にとにかく会い続け、気持ちを把握し、また、他社と比較した際の就職先としての優位となる点を洗い出し、動画の活用、遊びゴコロあふれるセミナー、学びがあり、さらに感動する会社説明会の設定、全社を巻き込んだ選考活動など、やるべきことをすべてやりきりました。そのときの経験は、経営者や人事担当者に話すと感謝されます。もちろん、採用に関するノウハウは常に更新されていきます。最近では、テクノロジーの活用がマストになってきました。とはいえ、そのときの経験は腐らず、感謝されるのです。

時代はまわります。自分が経験したことが、いつかきっと役に立つと信じて、前に進みましょう。

## モーレツに働いた私たちだからこそ、職場の危険を指摘する

私たちアラフィフは、モーレツに働いてきました。「働き方改革」などの掛け声があるたびに、同意しつつも「ぬるい」と思ったりはしていなかったでしょうか。20代の若手社員をみて、この時期に修羅場を経験しなくてはその後、苦労するのではないかと心配してしまうのです。持続可能な社会をつくる「SDGs（Sustainable Development Goals）」に注目が集まりますが、アラフィフにとってのSGDsは修羅場、頑張りどころ、土壇場、正念場だったのではないかと、真顔で考えてしまいます。私たちが苦しい労働環境で生き残ったこともまた事実ですが、負の遺産を押し付けてもしょうがありません。労働社会が少しでもまともなものになるように、貢献しなくてはなりません。

「皆さん、ご安全に！」という言葉は、あるメーカー主催のセミナーに登壇した際の、最初の一言でした。主催者からこの言葉を使うように促されましたが、その意味は決して軽視されるべきではありません。特にものづくりの現場では、安全意識が非常に重要です。

このような掛け声が社交辞令や決まり文句として定着している一方で、実際に安全が徹底されていない職場も少なくありません。たとえば、2023年に起こった北海道の知床半島沖での観光船沈没事故は、その典型例です。報道によれば、この事故は運営会社が安全労働を十分考慮していなかったことが原因であるとされています。船や無線など航行を支える要素はすべて危険な状態であり、その結果、多くの人々が犠牲になりました。

こうした事故では命を落とした方々やその家族に心から哀悼の意を捧げると同時に、船長や乗組員なども被害者として見ることができるでしょう。彼らも安全な労働環境を求めていたはずですが、その希望がかなえられなかったのです。

このような悲劇を通じて、私たちは安全意識の重要性を改めて認識する必要があります。掛け声や言葉だけではなく、実際に安全を確保するための努力が求められます。私たち一人ひとりが、自らの職場や環境において安全を実現するために積極的に取り組むことが必要です。

この問題については、運営会社に対しても、国に対しても批判するべき点は多々ありますが、怒りのマグマを爆発させるだけでなく、「では、自分の職場はどうなのか？」という視点も大切にしたいと考えます。観光船の運航と、自分の職場にも共通点があることを考えると、「安全労働」が徹底されているかどうかを問い直す必要があります。自分の職場は他の会社とは事業内容も違うし、環境も異なるから関係ない、事故など起こるはずはない、と思うかもしれませんが、確実に事故は起こらないと断言できるでしょうか？

たとえば、心身に負担のかかる業務や健康を害する可能性のある仕事をしている同僚や後輩が本当にいないのかということを考えてみてください。実際のところ、一般消費者との接点があり、カスハラが横行する職場などは、心身に負担がかかる割合が増えていると聞きます。その一方で、「ＡＩやロボットが人間の雇用を奪うのではないか」という不安がありますが、雇用を奪われることよりも、ストレスを伴う単純作業を人間が続けることのほうが問題ではないでしょうか。２０１５年、電通の女性社員が自死を選ぶというなんとも痛ましい事件が起きましたが、その問題の一端は、とても一人では抱えきれないほど多くの仕事を引き受けていたということにありました。

仕事の効率化が進む中で、人間の心身を疲弊させることもあります。約20年前にトヨタ自動車のカイゼン（改善活動）に関する話を聞いた際、その手法に驚かされました。しかし、実際に見ると、だいぶ印象が異なりました。トヨタの工場では作業効率の向上だけではなく、働く人の環境もかなり配慮した工夫がいたるところに凝らされていました。このように安全性に配慮しながら作業を改善することが重要です。

「安全労働」の論点は、危険な労働を避けるだけでなく、健康管理を徹底し、ハラスメントを防止するなどの取り組みだけでなく、「人材育成」にも関わってきます。心身の負荷がなく、安全に仕事を行うためには、トレーニングが必要です。ものづくりの現場では、火災事故などは人材育成の問題として考えられます。安全や危機管理に関する知識やスキルの伝承が不十分であることが問題です。


いつの間にか、自分自身を含め、先輩、同僚、後輩が無理をして作業をしていないかを振り返ってみましょう。この機会に、自分の職場が安全な環境であるかどうかを再確認してみることが重要です。「安全労働」は実現すべき価値であり、これまでに起こった悲劇から得られる教訓を活かすことが不可欠です。

## 浮ついた言葉に騙されてはいけない

私たちは「大人たち」にさんざん「騙され」てきました。

何か商品を買うときやサービスを受ける際には、新しいキャッチコピーで踊らされ、損をしてきました。

思えば、私が所属していた求人情報誌「とらばーゆ」編集部なども「派遣で発見　あなたらしい仕事」など、俗耳《ぞくじ》に馴染むスローガンを発信していました。そもそも、「自分の市場価値を上げる」などという言葉も私たちが若い頃に流行った言葉です。一見すると勇ましい言葉なのですが、結局、不安につけこまれ、会社と社会の中で踊らされただけではないですか。それこそ、私たちに向けて発信される「人生100年時代」という言葉自体がポエムです。社会保障が不十分となり、さらに労働力不足が問題となる中、明るそうな言葉で、「お前ら、もっと働け」と言っているのにほかなりません。

皆さんは、「ポエム化」という言葉をご存じでしょうか？　SNSやネット記事を中心に、最近、話題になっている言葉です。簡単に言うと、まるでポエムのようなふわふわした言葉が世の中にあふれている現象のことです。

たとえば、大手デベロッパーが販売する分譲マンションの広告です。「マンションポエム」と呼ばれるものが存在します。

「地の必然。飾るのではなく装う、というスタイル」
「このアドレスを所有する」
「軽快に、縦横無人に、求めるすべてを手に入れる」……。

これらは某マンションのキャッチコピーです。なるほど、力強く、かつ洗練されているようで、実は何を言っているのかよくわかりません。最初に挙げたキャッチコピーは「飾る」と「装う」というのは、たしかに別の言葉なのですが、意味は似たようなものではないかと感じます。句読点の打ち方も、たしかにカッコよく感じますが、カッコをつけるためだけのものにも見えます。ここでは割愛しましたが、他の広告を見ても郊外の物件は「天地創造」などという大げさな言葉を用いられていたり、「森」という漢字がなぜか「杜」と表記されていたり、カッコいいけれども、いちいち大げさだと思います。皆さんの自宅にも、こんなコピーが載ったマンションのチラシが届いていませんか？ 他にも、居酒屋に行くと、志が書かれた貼り紙があったりします。特にトイレです。J-POP、いやこれはアラフィフ的な言い方でした。若者風にいうと邦ロックの歌詞も、最近、ふわふわしていませんか。

東京オリンピック招致のための、広報活動もポエムっぽいものでした。例の「お・も・て・な・し」のプレゼンもそうですが、「この感動を、次はニッポンで！」などの一連のポスターがそうです。これもまた、胸を打つものではありましたが、オリンピックを開く意義があるのかどうかはわかりませんでした。

選挙のポスターだってそうです。自民党が政権を取り戻した時のキャッチコピーは「日本を、取り戻す。」でした。力強いようで、実に意味深なメッセージです。日本はそもそも、誰のものだったのでしょうか、取り戻すとはどういうことなのでしょうか、実はよくわかりません。もちろん、経済的環境の改善なども含めて元気な日本を取り戻すとか、自民党の政権復帰に向けたアピールではありましたが。実際、取り戻していたのは、裏金だったのですけどね。

このような、ポエムのような言葉が社会にはあふれています。いや、社会だけでなく、会社にもあふれています。

「ポエム化」という言葉が全国区になったのは、NHKの『クローズアップ現代』でした。居酒屋甲子園なるイベントで、居酒屋で働く若者がポエムのようなモットーを読み上げ、涙する様子が放送されたということでした。これが賛否を呼んだようです。中には「気持ち悪い」という反応も多かったようです。

ただ、これは、職場においても似たような光景がないでしょうか？　昔も今も、日本の職場には「標語」がいっぱいです。それは、ビジョン、ミッションを浸透させるため、モチベーションを高めるため、仕事に取り組む姿勢を徹底するため、ものづくり現場においては安全や品質に関する意識を高めるためなどの機能的な意味があります。ただ、あまりにもふわふわした言葉で人が踊らされてしまっている光景はどうでしょうか。

とはいえ、このポエム「だけ」を悪者にしてもしょうがありません。このような劣化ポエムで元気になってしまっている従業員もいるのも事実です。経営者も、厳しい環境の中、せめて元気に働けるよう応援したいということなのかもしれません。

われわれアラフィフは、このような言葉に踊らされてはならないのです。何か響く言葉、ふわふわした言葉が現れたら、ポエムだ、騙そうとしているのだと疑いましょう。

## 「忖度」する姿勢や風潮を次の世代に残さない

私が会社員として働いていたときのことです。まさに今、旬なキーワードそのものですが、「忖度《そんたく》」して「データ」を「改ざん」したことがあります。自分のタイムカードのデータを書き換えました。

上司から改ざんを指示されたわけではありませんでした。「残業時間を減らしてもらわないとね」「やりくりしてほしいね」と言われました。この言葉だけ読むと、仕事の効率を上げる、優先順位付けをするなどして労働時間を減らしてほしいという親切心のようにも聞こえるでしょう。実際は、サービス残業を促すものでした。

そもそも、会社員時代の私が残業をせざるを得なかったのは、任される仕事の絶対量が多い上、独身だったので、多くの仕事を振られたことによるものでした。とはいえ、職場ではギスギスしたくなかったのでしょうがなく、電子タイムカードを36協定ラインよりも30分短い44時間30分に書き換えていました。もっとも、まだ私は良い方で、どんなに長時間働いても10時間までしか残業をつけられない部署もありました。これは「忖度」を超え、サービス残業の「強要」に近いものでした。

少し前のことになりますが、「忖度」という言葉が２０１７年の「ユーキャン新語・流行語大賞」の年間大賞に選ばれました。受賞者は誰かと気になりましたが、「忖度まんじゅう」を出している株式会社ヘソプロダクション代表取締役の稲本ミノル氏でした。私はこの賞を運営する自由国民社の『現代用語の基礎知識』を執筆している関係で受賞式にお邪魔しており、会場では「忖度まんじゅう」が配られました。見た目もかわいらしく、美味しかったです。思わず、忖度を受け入れてしまいました。

この「忖度」という言葉が広がったのは、森友学園疑惑（森友学園への国有地売却を巡る財務省の公文書改ざん問題）がきっかけでした。同学園の理事長だった籠池泰典《かごいけやすのり》氏の「直接の口利きはなかったが、忖度があったと思う」という発言からでした。一時はこの「忖度」の意味を調べようと、多くの人がインターネットの辞書サイトにアクセスするという状況もみられました。

「忖度」は日本の政と官のあり方を極めて的確に表現したもののように思えます。よく言うと、阿吽の呼吸で、悪く言うと滅私的に相手をたててしまいます。

ここで、なぜ「忖度」が生まれてしまうのかについて、根本的な問題を考えてみたいと思います。もちろん、やたらと空気を読む日本人とその組織という問題の話になりますが、それだけでなく、これは力学の問題なのです。現状、官僚幹部の人事は内閣官房人事局が掌握しています。ゆえに、官僚たちは閣僚ではなく、官邸をみて仕事をするようになりました。これは構造的な問題なのです。

森友学園を巡る問題は日本の政治を揺るがした事案なのですが、政治家と官僚の問題にしてしまっていいのでしょうか。この事件からは「忖度」すると様々な方面に問題が生じ、時には取り返しのつかない事態にまでおよぶという「警告」を受け取らねばならないと思います。じきに会社から退場する50代の私たちは、忖度を続けて、社会と会社を歪め続けてはならないのです。この「忖度」から生じる問題を次の世代に残してはいけないのです。「忖度」する雰囲気を会社に残したまま会社から去っていくということをしてはならないのです。空気を読まず、憎まれ役となってでも、問題提起をする必要があるのです。忖度する会社と社会にピリオドを打つために、あえて空気を読まない、ということをしてみませんか。KＹ（空気を読まない）が、あなたの会社と未来を変えるのです。

## 「学ぶ」を楽しむ。期待しすぎない

困りましたね。茶の間で受験をテーマにしたドラマ『ドラゴン桜２』や『二月の勝者』を見ていたら、私の幼い娘がハマってしまいました。人が頑張っている様子を見るのが好きなようです。でも、その娘が「私には無理（そんなに頑張れない）」と言い出したのです。

「なぜ、勉強しなくてはならないの？」と子供（もしくは孫）に聞かれたら、50代のあなたはどう答えるでしょうか？　勉強するとわかること、できることが増える、視野が広がって人生が楽しくなるなど、思わずきれいごとを言ってしまうかもしれません。いや、自分自身の経験からすると、それらの答えは決して間違ってはいないかもしれません。親としても教育者としてもそう言い切りたいです。「知るは楽しみなり」です。ただ、学生時代にたくさん勉強した人は、学校を卒業して本当に「報われて」いると言えるのでしょうかね？

日本は二重三重にこじれた学歴社会です。その学歴はタテとヨコに分解することができます。タテの学歴は最終学歴であり、ヨコの学歴はその中での学校歴です。最終学歴による生涯年収差などは明らかになっており、その格差が指摘されています。

ただ、今の日本で「学歴」として想起するのは、ヨコの学歴です。たとえば国立大、早慶などの大学ランクです。就活に関する記事などで「学歴フィルター」という言葉を目にする人も多いかもしれません。数年前、ある就職情報会社が「大東亜以下」という言葉を使用した、学歴差別を想起させるような内容のメールを配信した件が話題になりました。大学のラベル・レベルに関する採用上の区別・差別はいつもネット炎上を誘発します。

また、ちょっと前に自分の人生は親の年収などで決まるという意味を含む「親ガチャ」という言葉が流行語になりました。たしかに、「親ガチャ」は現実に存在しており、親の年収が教育格差を生む原因になっていると言われています。ただ、「教育にお金がかかる」という言葉の意味は一様ではありません。大学卒業までの教育費捻出に苦労する人、私立の中高一貫校に進学するための塾代に苦しむ人ではその意味は異なります。

しかし、日本の学歴社会が二重三重にこじれているのは、ヨコの学歴の有利不利は主に学部卒や、大学院修士課程修了までであるということです。博士課程修了者、博士号取得者に対して冷たい世の中なのです。博士号を持っていても、必ずしもアカデミックポストに就職することはできませんし、民間企業も積極的に採用しているわけではありません。大学教員同士で「大学院進学を目指す学生にするべきアドバイス」を議論したところ「働かなくても35歳まで食える環境の確保」という意見が出ました。脱力しましたが、これは決して間違っているとは言えません。

さらに博士課程修了者の年収も決して恵まれているわけではなく、男女や分野による格差が顕著です。２０２２年１月下旬に文部科学省科学技術・学術政策研究所が発表した「博士人材追跡調査」によると博士課程修了翌年度の年収について、男性で最も割合が高い層で４００万～５００万円未満、女性は３００万～４００万円未満でした。女性の年収が低いのは、女性の割合が高い人文科学分野の額が１００万～２００万円未満と低いためです。博士課程修了は最短でも20代後半です。この年齢の年収としては高いとは言えません。むしろ、学歴を冒瀆する社会だとも言えます。


人生１００年時代に入り、われわれは働き続け、学び続けなくてはならなくなりました。数年前から「学び直し」という言葉をあちこちで見聞きしませんか。50代、60代で大学院進学を考えるビジネスパーソンもいるでしょう。20代から研究者を目指すコースとは異なるものの、学んだ人にはどんなリターンがあるのでしょうか。リターンなど求めるな、勉強は「きっと」役に立つというのも正論ではありますが、トップレベルに学んだ人が必ずしも報われていない社会であることも直視しなくてはなりません。

また、私たち50代は「自己啓発」世代です。ビジネス書、自己啓発書が流行し、そこで学んだノウハウ、スキルを仕事に活かそうと試行錯誤を繰り返しました。このままでは生き残ることができない、頑張れば報われるとそう思っていたのではないですか。結果、ビジネス書、自己啓発書はその瞬間だけ元気になる滋養強壮剤、大人の「週刊少年ジャンプ」と揶揄されるようになりました。人々が求めるものも、学んだ末の大成功ではなく、日々を少しだけマインド的にも経済的にも楽しく生きることに変化していきました。

ただ、「学ぶ」を考えるときに「本物の教養を」と説教されても戸惑うと思うのです。2023年度の新書大賞トップテンに入ったレジー氏の『ファスト教養――10分で答えが欲しい人たち』（集英社新書）を読み、考えてしまいました。今どきの「教養」に対する違和感の正体を解明し、痛快にぶった斬る良著です、「教養を身につけなさい」という言葉は、「水戸黄門」の印籠以上の破壊力を持つわけです。明らかに勉強熱心で読書量が多い人に「教養がない」と言われると、たとえ名門校を出ようと、大手企業に働いていようとプライドは傷つけられ、尾崎豊の「15の夜」風に言うと「自分の存在が何なのかさえ解らず震えて」しまうわけです。ただ、そもそも「教養」とは何でしょう。人により定義や認識が異なる概念が都合よく利用されています。

「ビジネスには教養が必要だ」とYouTuber（ユーチューバー）に言われても、年長者に「焦らずに、じっくりと深い教養を身に着けなさい」と説かれても、ともに違和感を抱くのが普通の感覚ではないでしょうか。教養をコスパや金儲けの手段と捉えるのも、「古きよき教養論」もフィットしないのです。

教養ブームとも言えるような状態は、ビジネスパーソンとして生き残るための切実な不安と密接に関係しています。「教養が重要と強要される状況」とラッパーのように叫びたくもなるわけです。結果として、ファストフードのように簡単に摂取でき、「ビジネスの役に立つことこそ大事」という画一的な判断に支えられた情報がはびこるわけです。教養とは取引先のおっさんに気に入られるためのものなのですかね。というわけで、「学ぶ」なかでも、自己啓発と対極にあるような「教養」ですら、自己啓発的な取り組みになってしまうという矛盾を抱えて生きています。50代はこのように、学校を卒業したあと、自ら「学ぶ」ということにすら翻弄されてきたのではないでしょうか。

一方、学ぶことには意味があります。ここでの「学ぶ」という意味は人によって異なります。別に50代に限らず、若者にとってもそうです。実際、勤務先の大学にしろ、広く様々な大学生が集まる講演会にしろ、まるでおっさんの一つ覚えのように「勉強は楽しいよ」というメッセージを真顔で発信するわけですが、「勉強」や「学び」で想起することは、目の前の単位取得のこと、資格をとることなどです。読書をすることと答える人すら少なく、何かテーマを決めて研究すると想起する人も少ないです。それは中高年も同じでしょう。「学ぶ」と聞いたときに、スキルの修得、関連して資格の取得を想起する人も多いことでしょう。今の日本においては、リスキリングの大合唱が行われています。これもまた、日本型のリスキリングです。スキルをつけ直すことなのに、学び直しと解釈されています。似て非なるものです。また、海外ではたとえば自社が自動車メーカーだったとして、ガソリン前提のエンジン開発から、電気自動車にシフトするので、対応するためにスキルをつけ直すという取り組みになるのに対して、日本では、自らスキルをつけて成長し、成長産業に労働移動させるためという意図が見え隠れしています。

学ぶ意味は常に問われます。また、「学ぶ」という言葉の意味も多様です。一方、「学ぶ」ことには常に意味があり、それは喜びでもあります。これまでのような「会社が潰れても生き残る」ための学びも結構ですが、自分の喜びとしての学びを立ち止まって考えてみましょう。

## 情報に踊らされない50代になる

ウェブメディアで原稿を書くようになってから20年近くになります。書いた記事がヤフトピ（ヤフーニュースのトップページに掲載される8本の記事）をとったこともあり、全国紙の論壇時評で好意的に紹介されたこともあります。一方で、炎上騒ぎも何度も起こしてきました。明らかに私の書いた記事に非があることもありましたが、多くの場合は編集部がつけた煽り気味の見出しによるものでした。これがSNSで拡散し、記事をちゃんと読まない人に叩かれることもあります。なかには、自身の問題関心と重なる記事を探して（攻撃対象を探すとも言う）、新しい記事を見つけては攻撃する人もいます。炎上に飢えている人、求めている人が一定数いることも事実です。いずれにせよ、「ちゃんと読めよ」と言いたくなります。読解力、常識、教養がない人を相手にしなくてはなりません。これがウェブに文章を載せるリスクであると感じます。

ただ、この「見出し炎上」をあなたは批判できるでしょうか。同じように見出しだけで状況を判断してしまってていないでしょうか。見出しの内容や、与える印象は中身とズレていることがよくあります。ウェブメディアだけでなく、全国紙でもこのようなことがあり得ます。見出しにいつの間にか、踊らされていることもあります。

雇用や労働にかかわるニュース、関連した格差や貧困の問題などは炎上しやすいです。しかも、問題の当事者に関してはいつものことではありますが、自己責任論が飛び出したり、揶揄する声が上がったりします。特に非正規雇用の労働者、生活保護受給者などに対しては心無い批判が飛びやすいです。拡散するニュースは事実関係や認識が明らかに間違っているもの、視点が偏っているものも散見されます。事実に基づいたものだとしても、その記事を媒介として誹謗中傷の連鎖がおきたりすることもあります。

〝50代あるある〟なのが、いつの間にか、ネトウヨ、パヨクとなっていることです。つまり、右か左に極度に偏ってしまうのです。帰省すると親がいつのまにかネトウヨになっていたという話をたまに聞きます。地上波のテレビで流れる、日本の素晴らしさのような番組と、SNS経由で知る情報で思想が偏ってしまうのです。それは、パヨクと言われる人も同様です。右翼でも左翼でもなく、なかよくしたいのですが、ネットの時代は、ワンクリックして見てしまった記事の影響で、その後、関連する記事ばかりがリコメンドされ、その積み重ねで偏ってしまうことがあるわけです。

最近のウェブメディアやプラットフォームにはAIが実装されています。閲覧履歴などから自分の興味関心にあった記事を提案してくれるのですが、これにより接する情報は偏ってしまいます。個々人の考えに大きく影響を与える可能性があり、リスクは確かにあります。

そのたびに「ネットリテラシーを身につけよう」と叫ばれますが、そう簡単ではないと思います。このようなメッセージを発するオピニオンリーダーも、時に誤解もミスリードもします。一方で、情報をシャットダウンするのも現実的ではありません。私はむしろ、ネットリテラシーは情報のシャワーを浴びること、まみれること、何度か間違うことで身につくと考えます。ネット炎上事件もよい教材だと思います。そこで高揚も絶望もせず、本当はどうだったのかを検証することで力がつきます。

ネットリテラシーを身につけるための簡単なコツは、誰が何を根拠に言っているのか確認すること、根拠となるデータ、ファクトを確認すること、複数のソースに接することだと思います。私は新聞を毎朝、７紙読んでいます。読み比べることで世の中が見えてきます。情報を取捨選択するセンスも磨かれます。

気になる分野については本を読むことを大事にしたいです。あえてネットのスピードから離れ、「遅い情報」に接することにより、落ち着いて物事を考えられるようになると思います。

自分の力を高めるだけでは意味がないのです。誤解している人を見かけるたびに、本当はどうなのかを伝えることも、世の中全体のネットリテラシーを底上げする策となりうると思います。

ネットリテラシーはいきなり身につくわけではありません。失敗を繰り返しつつ、感度を高めたいと思います。

## 体育会系気質をこえて

「体育会系」という言葉を聞くと、嫌な思い出がこみ上げてきます。一つは中学時代の部活動のことです。バレーボール部だったのですが、練習が過酷な上、上下関係が厳しかったです。顧問の先生からの体罰もあれば、ヤンキー風の先輩から怒鳴られたり、暴力を振るわれたりしたこともありました。

会社でも似たような体験をしたことがあります。営業部にいたことが何度かありましたが、体育会系どころか軍隊的な気質でした。年次や役職の差は電通過労自死事件に関連した電通叩きの報道であるとおり、海よりも深かったです。エレベーターに乗る順番、食事で箸をつける順番まで厳格に決まっていました。日常的に部署内で怒号が飛び交っていました。自分にも矢が飛んできただけでなく、周りで後輩が叱られ、こき使われている様子を見るだけで、精神的に疲れてしまいました。パワハラだけでなく、常に緊張感がある風土自体、精神的に辛いものでした。この手の話をすると「私も経験した」「そんなものはどこにでもある」という声が出ます。組織が軋んでいると感じる瞬間です。

もっとも、これを簡単に「体育会系気質」と形容していいのでしょうか。体育会系の学生を取材したことが何度もありますが、現在は極めて科学的、紳士的であると感じます。試合や練習では動画が撮影され、徹底した分析が行われます。作戦会議が何度も開かれます。練習や食生活も科学的な手法が用いられており、筋力トレーニングなど身体能力を向上させる工夫がなされています。今どきの体育会は、高校であっても、さらにスポーツ名門校でなくても、データ班が立ち上がり、データを分析した上で試合にのぞんでいるということがよくあります。

よく体育会系を象徴するものとして上下関係があげられます。たしかに今でも存在するものの、幹部は部員のモチベーションを考えています。学年、役職を悪用して怒鳴りつけるようなことをせず、むしろ褒めることに力を入れています。叱り方も工夫されています。よく体育会を物語る光景として、激しい飲みなどがありますが、それは弱い部の道楽です。本気で勝つことにこだわっている部は、少なくともシーズン中は飲酒禁止です。健康管理もそうですし、酔った勢いでの暴力などの不祥事を避けるためです。

体育会系の部署としてよくあげられるのは営業部です。しかし、ここでも科学的な手法が導入されています。商談の効率化、ノウハウや営業ツールの共有、受注率や顧客訪問の最適化など営業の生産性を上げるための取り組みがなされています。叱るマネジメントはモチベーションを下げてしまいます。いかに褒めるかといった工夫がされています。

つまり「体育会系」や「営業部」も変質しています。もう昭和ではありません。スポーツにしろ、営業にしろ、気合と根性、厳しい上下関係、理不尽なやり方では勝てない時代なのです。

上下関係が厳しく、理不尽なことがまかり通る職場を「体育会系気質」などと表現するのは、もうやめましょう。それは単なる「パワハラ職場」です。このような職場マネジメントは時代に合わなくなっており、過労死などを誘発する可能性もあります。職場の改革に向けて、こういう職場を「体育会系気質」と形容することをまずやめ、今どきの優れた体育会系からむしろ学ぶべきです。

## 理想の辞め方を考える

アラフィフが考えなくてはならないのは、「理想の辞め方」です。単に定年まで同じ企業に勤め上げるかどうかという話ではありません。早期退職制度にのるにせよ、転職するにせよ、残された期間で、どのように任された仕事にピリオドを打っていくかが問われます。自分にとって納得感のある辞め方、かっこいい辞め方とは何かを考えてみたいです。「君たちはどう生きるか」ではなく「私たちはどう辞めるか」が大切なのです。

ただ、会社員にとっては「引き方」「辞め方」は自分で選べるとは限りません。異動に関しては、自分たちの都合では決められない企業の方が未だに多いです。定年退職前に会社を飛び出したいという衝動に駆られる人もいるかと思いますが、家庭の事情でそうはいかないという人もいるでしょう。とはいえ、自分の理想の「引退」については考えておきたいです。

「辞め方」という点では、中年としてはバンドの解散、歌手やスポーツ選手の引退のことを思い出してしまいます。氷室京介、布袋寅泰などが在籍したBOØWY の解散などは、しびれるものでした。全盛期に解散し、その後、リスペクトしあいながらも、少なくとも氷室と布袋という二大巨頭は一切、交わりません。同バンドは1987年12月24日の渋谷公会堂でのライブで解散を発表し、翌年1988年4月4日、5日に行われた東京ドームのライブでバンドの活動に幕をおろしました。ネットのない時代でしたが、解散説は飛び交っていたようで、発表前からキリキリした緊張感があったそうです。それで終わりだと思っていたら、東京ドームでの解散ライブが決まったそうで、こちらはメンバー一同実にリラックスして演奏したのだそうです。

2016年には氷室京介が難聴などを理由にライブ活動を引退しました。その際も、布袋寅泰が共演をほのめかすような発言をし、話題になったのですが、実現はしませんでした。そう、解散後、氷室と布袋は公の場では一度も共演していないのです。

様々な憶測を呼び、結果として分裂したかのような印象を与えたSMAPの解散も印象深いです。所属事務所への批判も相次ぎました。ただ、決してよい状態ではなかったメンバー同士や事務所との関係がリセットできたこと、SMAPであり続けることを降りることができたことという点で、私はこの解散を支持しています。

安室奈美恵の引退にしても、まだまだ活躍できそうなのにもかかわらず、引退するという点において、美学を感じました。絶頂期の20歳にして結婚・出産、約一年の休業したのと同様、自分の道を進んでいる感がありました。

辞めようとしても、辞められないのは、実は経営者です。後継者が育っていない、いや、育てたはずなのに期待にこたえられず辞めてしまい、もともとの前任者が復帰せざるを得ないという光景を何度見たことでしょうか。

実は会社員の方が、定年退職の時期は決まっており、自分で辞め時を決められるともいえます。つまり、「どう辞めるか?」のコントロールがしやすいのです。ただ、50代、60代まで同じ企業で勤務した人は、辞め方のデザインと聞いてもピンとこないでしょう。どんな状態で組織を去ると理想的なのか、組織に何を残すのか。考えてみましょう。

定年退職と、転職などのために辞めるのは全く性質が異なります。とはいえ、定年に達した以外で自分が辞めることに意味を見出すとどういうことになるだろうと立ち止まって考えてみましょう。

私は、正社員としては3回、会社を辞めたことがあります。1回目は31歳の時に、リクルートを辞めた時、２回目は34歳になる直前にバンダイを辞めた時、３回目は38歳になってベンチャー企業を辞めた時です。少なくとも自分にとっては、悪くない辞め方だったのではないかと思っています。「そろそろ出る時だよな」と自分の中では納得感があったからです。周りもそんな反応でした。会社の中でやりたいこと、やるべきことはやり遂げ、自分はそろそろ離れるべきだと感じたというのが、すべての共通点です。

ややネガティブなことを含めてホンネを言うならば、リクルートを辞めた31歳の時は、同期が課長や副編集長になり始めた時期で、焦りを感じつつも、自分はそうなりたいかというとそうでもなく、会社の方向性にも疑問を感じることが多くなってきた頃でした。ちょうど前から誘われていたバンダイが、ナムコと経営統合するタイミングで、運命的なものを感じたというのもあります。バンダイを辞めた時は、そろそろ大きな会社で小さなことをするよりも、小さな会社で大きく、自由なことをする時期だと感じたからです。ベンチャーを辞めた時は、ちょうど大学院進学が決まった頃で、私を担当に指名する仕事、メディアでの仕事が増えた頃で、そろそろ独立するべき時かなと思ったからです。

もっとも、20代の頃から異動シーズンになるたびに、今の部署や職種のままでいるか異動するかだけでなく、社外の仕事（つまり転職）も視野に入れて、変化のタイミングを探していました。このように、選択肢があることは常に意識してきました。また、何か変化を起こすときは、何かを成し遂げた時であり、さらには次のステージへの助走期間をつくっておいたのもポイントです。50を過ぎて定年まであと○年と数えるのも結構ですが、辞めることをネガティブにしないためにも、どのような辞め方がいいのかを考えておきましょう。

「人生100年時代」という言葉が浸透して久しくなりました。たしかに、長寿化が進んでいます。1900年頃、世界全体の平均寿命は約31歳だったそうです。現在は72歳まで伸びています。日本などはこれよりも高いです。

賛否はともかく、ずっと働き続ける時代、定年という概念も変化する時代になります。こういう時代だからこそ、「定年」だけでなく、「何」を「いつ」まで続けて「どう」辞めるかを考えなければならない時代になりそうです。

ここから一気にゆるい話になるのですが、辞めるときに過剰にかっこつけるのは、いかがなものでしょうかね。「転身ポエム」というものがあります。就職、退職、転職、異動、転勤、出向など、仕事における大きな転機となるタイミングでSNSにメッセージや写真を投稿したり、社内外に挨拶代わりに送ったりするものです。読者の皆さんもきっと一度くらいは見たことがあるでしょう。

最終出社日や送別会での集合写真や、その場で渡された記念品や花束の写真がアップされます。その後、長文で「想い」が劇的に綴られます。入社した理由、新人時代の下積み経験、これまでの異動歴、お世話になった上司や同僚、思い出に残る取引先、支えてくれた同期など、沢山のエピソードと登場人物の名前が書き込まれます。写真にも、文中にもこれでもかというタグ付けがされます。最後はお気に入りの名言が引用され締められるのです。たくさんの人がタグ付けされていることもあり、たくさんの「いいね！」とコメントがつき、返信コメントがいっぱい続きます。ただ、これ、大の大人の退職がこれでいいのか。立ち止まって考えたいです。

転身ポエムは大手企業を辞めた若者の投稿が何度か話題になりました。勝ち組と目される大手企業をこんなに早く辞め、自由で柔軟な生き方を選んだことは衝撃を与えました。ネットでもバズりました。

ただ、もともと、転身ポエム（的なもの）は、スポーツ選手や芸能人など、著名人が読み上げるものでした。

「我が巨人軍は永久に不滅です」（長嶋茂雄）

「普通の女の子に戻りたい！」（キャンディーズの伊藤蘭）

などを筆頭に、著名人は引退やグループの解散などのときに、名言を残しています。当時、リアルタイムでこれらのメッセージに触れた人以外にも独り歩きするほど大きなパワーを持っています。

ただ、長嶋茂雄や伊藤蘭の時代には、転身ポエムとは呼ばれておらず、フレーズも短めでした。ポエムと呼ばれるほどの表現でもありませんでした。「これぞ、転身ポエム！」と言えるのは、サッカー日本代表だった中田英寿氏の引退時の言葉です。２００６年７月３日に自身の公式サイト「nakata.net」上で発表されました。長いメッセージに付けられたタイトルは「人生とは旅であり、旅とは人生である」というものでした。既にそのタイトルからして中田英寿の意識の高さがうかがえます。

俺が「サッカー」という旅に出てからおよそ20年の月日が経った。
8歳の冬、寒空のもと山梨のとある小学校の校庭の片隅からその旅は始まった。
（以下、省略）

この書き出しからして既にポエムです。サッカーとの出会い、ボールを蹴ることに夢中だった日々、山梨の県選抜、関東選抜、Ｕ-15、Ｕ-17、ユース、そしてＪリーグ、さらには欧州へとステップアップしていったこと、五輪代表や日本代表の経験など、華麗なるサッカー人生が書き綴られています。ところどころ心情の吐露《とろ》なども書き綴られた上で、決意表明や感謝の言葉が並びます。韻を踏んだり、体言止めを使ったり、表現も豊かです。
そして、これぞ現在、ＳＮＳ上で共有される「転身ポエム」の原点ではないかと確信しました。よく見かける「転身ポエム」はこの影響が感じられます。

〇〇との出会い→成長→活躍→成功体験→いくつかの転機→今回の決断に至った経緯→謝辞→決意表明→感謝

意識高い系会社員の転身ポエムはこんな論理展開、構成になっています。胸を打つキーワード、ポエム的な表現を盛り込むのもポイントです。さらに、退職・転職にしろ、異動、引退にしろ、次のステージに行くことを「卒業」という言葉で表現するのもコツです。これは、私の古巣であるリクルート社員が使う表現です。もっとも、「卒業」とは言うものの、誰がそれを認めたのかも怪しく、卒業のための単位が足りない人もいるのではないかとも感じますが。一時、「卒業って言うな、退職って言え」と吠えまくっていたら、最近のリクルート社員の退職挨拶から卒業という表現が減ったような気がします。

この転身ポエムは、面白がって読むと「退職」とは何かがよくわかります。まずは、転身先と転身理由を読み込みましょう。その上で、全文を読むと、論理の矛盾に気づくことがあります。会社に対する愛を叫びつつも、結局、今の部署や上司に合わなかったのではないかなど、いくつかの疑問がわいてくるはずで、感動的な言葉で装いつつも、本音を垣間見ることができます。

その人のこれまでの異動歴も、ケーススタディとして興味深いです。その人が一番、輝いていた時期などもわかります。読み込むと、退職理由そのものが怪しくなってきます。今の部署や仕事が楽しくなかったのではないか、と。

ＳＮＳにおいては、「いいね」の数もそうですが、誰が押しているのか、どんなコメントをしているのかも注目です。プチ著名人の場合や、交友関係が広い人は社外の人の「いいね」の方が多いです。もちろん、在籍者数の関係もあるのですが、社内で浮いているのではないかという疑問もわいてきます。コメントも、感謝から、叱咤激励まで様々ですが、ここぞとばかりに目立とうとする輩や、いちいち感動的なレスをしようとしている様子も味わい深いです。異動や転職などを繰り返している人は、その時点の転身ポエムをチェックしましょう。味わい深いものです。言っていることがコロコロ変わっているとか、やめグセとか、もろもろ見えて面白いものです。

定年退職が目の前に迫っていても、自分で選べる選択肢がある場合も、理想の退職とは何か。立ち止まって考えたいです。『北斗の拳』のラオウのように、あなたは「我が生涯に一片の悔いなし」と叫ぶことができるでしょうか？

コラム

## 痛いマニュアル本たち

『渋井直人の休日』（渋谷直角、宝島社）は、痛い中年になりたくない人のための、必読の書です。作者の渋谷直角は、妻夫木聡、水原希子が出演する映画『奥田民生になりたいボーイ　出会う男すべて狂わせるガール』の原作者でもあります。また、『カフェでよくかかっているJ-POPのボサノヴァカバーを歌う女の一生』（扶桑社）のヒットでも注目されました。痛い文化系男女、ワナビーを描かせたら右に出るものがいないレベルの著者です。

この本は50代の独身デザイナー渋井直人氏の日常を描いたコメディ漫画です。デザイン関係者のあるある話、中年の悲哀、背伸びしたオシャレ親父の日常が描かれています。SNSでつながった女性とのデートが大失敗、部屋に若い女友達がやってくるのでアクアパッツァなど普通の男性が作らないようなカフェ飯的オシャレ料理を作ろうとしたら突然キャンセルの連絡などなど、クスリと笑えるような話がいっぱいです。どれも、50代にもなって世渡りが下手であること、お人好しのようで頑固者であること、何より背伸びしたオシャレというのが笑える点です。

しかし、笑ってもいられません。妻は育児の合間にこの本を読み、笑い転げたあと、こう言ったのです。「これ、あなたのことをいじってる本じゃないの？」と。そう、私はここで出て来るような、背伸びオシャレ中年なのです。「BRUTUS」「POPEYE」（いずれもマガジンハウス）「Pen」（CCCメディアハウス）あたりを愛読し、デパ地下や成城石井、北野エースあたりで買い物をしてカフェ飯っぽい料理を作り、ちょっと変わった、昔でいうDCブランド（デザイナークリエイターズブランド）、イッセイミヤケ、コム・デ・ギャルソン、ヨウジヤマモト、などのコダワリの服で決める中年なのです。渋井直人氏との違いは、結婚して子供もいることくらいではないですか。

この本は、自己満足でかっこいいと思っているものの、実際には周囲からウザがられる中年の姿を面白おかしく描いています。読者に対して、自分が痛い中年になっていないか、昔の自分を引きずっていないかを考えさせるメッセージが込められています。

特に注意すべきは、自分がかっこいいと思っているものや行動が、他人からはダサいと受け取られる可能性があるということです。自分のSNS投稿や職場での話題など、周囲とのコミュニケーションでそのようなことに気をつける必要があるのです。

たとえば、次のような言動です。

・カフェ飯のレシピと写真をＳＮＳに投稿→普通に和食食えよという話です。しかも、カフェ飯を再現しようとしたものの、見た目がそれほど美味しそうではないのです。
・チャーハンに関する過剰なうんちくを語る→松浦弥太郎ごっこはやめていただきたいです。
・探しまくった中古車を買うが、誰からも共感されない→まだ燃費の悪かった頃の輸入車や、ロードスターの初代モデルなどがありがちです。そこで、当時のデートの思い出話などされても困ります。
・Nike Air Max 95（エアマックス）の写真をＳＮＳに載せる→「懐かしかったので買っちゃった。当時は手に入らなかった」などといううんちくがまたウザいです。
・文章を書かないクセに、やたらと高い万年筆を買う。→契約書にサインする機会すらないのに。お前、文字書けるのかよレベルです。
・村上春樹の新作に、因縁に近いような、背伸びした批評をする。→村上春樹読んでいる時点で、庶民なのに……。

また、普通のサラリーマンの手が届かないようなライフスタイルを追求してしまうことも問題です。自己満足に陥らず、周囲の共感や理解を得ることを心がけることが大切です。

自戒を込めて、痛い中年の行動として挙げられた例についても注意が必要です。自分の行動が周囲からどのように受け取られるかを常に意識し、浮いたり、ウザがられたりしないように気をつけましょう。

# 第4章

# 50代が生きやすい世の中を!

## 「年齢」に関する常識、基準をアップデートせよ

これまでの章では、50代になったばかりの私が、徒然《つれづれ》なるままに愚痴や処世術を書き綴ってきました。本章では、50代以降の人生を明るく生きることができるよう、社会と企業に対して政策・施策を提言したいと思います。具体的な提案から暴論まで、振れ幅は様々ありますが、もうしばらくお付き合いいただけると嬉しいです。

「年齢」をアップデートしよう！

社会と企業に対してまず初めに提言したいことは、これです。社会にしろ、企業にしろ、年齢に関するあらゆる基準、ルールを見直し、アップデートしませんか。また、ルールを変えるだけではなく、私たちの「年齢」に関する見方、マインドも変えていきませんか。

年長の友人からこんな話を聞いたことがあります。いわゆる「アラ還《かん》」の彼は、旅行が大好きで、少しでも時間ができるとあちこち出掛けるという、非常にパワフルな先輩です。そんな先輩は若い時と変わらず、テーマパークの絶叫マシーン、スカイダイビングなどにチャレンジしたいようですが、ガイドの人に「すみません、お客さまは年齢が……」と言われ、がっかりするのだとか。たしかに、この手のアクティビティは「心臓に悪い」とよ

く言いますが、まさに業者から客の身体への配慮によるものでしょう。ただ、毎週１キロ泳ぎ、日常的にヨガやウォーキングに取り組んでいる、25年前に出会った頃とまったく変わらず若々しく、好奇心旺盛な彼に、観光地での様々なアクティビティを制限するのも酷な話ではないでしょうか。

日本人は平均寿命も健康寿命も高い、このことはもう耳タコでいろんなところで見聞きしますね。２０２３年の日本人の平均寿命と健康寿命は次のとおりです。

平均寿命：男性81・０９歳、女性87・１４歳
健康寿命：男性72・６８歳、女性75・３８歳

なお、平成元年である、１９８９年の平均寿命は男性75・９１歳、女性81・７７歳でした。男女ともに、６歳も寿命が長くなっています。年齢だけではありません。高齢者の身体機能、知的機能、健康状態なども年々向上しています。現在の高齢者は10年前と比べて身体的に５～10歳若いと言われています。

昔の漫画、アニメ、ドラマなどのコンテンツを今、見てみると、今どきの中高年とのギャップに気づきます。今どきの中高年は、見た目もずっと若くて元気です。この問題を語る時によくでてくる事例が、『サザエさん』の波平さんが54歳、フネさんが49歳だという事実です。以前は、高齢のアーティストがツアーをする、スポーツ選手が現役続行すると、

果敢なチャレンジだと称賛されましたが、今はごく普通のことです。サッカーの三浦知良選手は、チームの移籍を繰り返しつつも、まだ現役です（57歳です！）。アーティストやスポーツ選手は本人もファンも、歳をとっても元気です。

中高年に関する働き方のルールは大きく変わりつつあります。高年齢者等の雇用の安定等に関する法律（高年齢者雇用安定法）は、2013年4月施行の改正で65歳までの雇用確保措置を講ずることを事業者に義務付けました。定年年齢は60歳を下回ってはならず、企業は、①定年の引上げ　②継続雇用制度の導入　③定年の廃止、のいずれかの措置を講じなければなりません。

さらに、2021年4月に施行された改正高年齢者雇用安定法では、70歳までの就業確保が努力義務化されました。①70歳までの定年引上げ　②定年制の廃止　③70歳までの継続雇用制度の導入　④70歳まで継続的に業務委託契約を締結する制度の導入　⑤70歳まで継続的に事業に従事できる制度（a．事業主が自ら実施する社会貢献事業、もしくはb．事業主が委託、出資〈資金提供、事務所スペースの提供等〉等する団体が行う社会貢献事業）の導入、のいずれかの措置をとることが努力義務として求められます。

その一方で、年金の支給時期の見直しも行われました。世の中全体では、70歳まで働き続けられる環境を実現すること、職業生活からの引退と老後生活への移行過程の見直しが行われていると言えますし、生産年齢人口が減少する中、60歳以上の人が働き続ける社会を目指していることは明確です。

これらの変化は社会や企業が決めた「ルール」を変える、というものです。それだけでもかなりの前進とも言えますが、われわれの中にある「規範」「慣習」に関しても見直しが必要です。「中高年は○○すべき」あるいは「○○すべきではない」という「規範」「慣習」をアップデートしなくてはなりません。いや、実際はアップデートされつつあります。激しいスポーツも、音楽活動も、夜遊びも、50代、60代が楽しく嗜むものです。街に派手な服の中高年が増えたとも感じます。いち営業担当者として現場を回っている人、エンジニアとしてバリバリ働く中高年も目立ってきました。中高年が元気に働き、遊ぶことで社会が活性化するのです。実際の社会も会社も変わり始めているのに、昔の中高年像を思い描いていたら、時代とズレてしまいます。

高齢者扱いすることは、人間の可能性を狭めます。さらに、自己暗示的に本人に、早く歳をとらせてしまう可能性があるのです。

もちろん、心身の状態は人により異なります。働くことにしろ、プライベートのことにしろ、何をやりたいか、どうありたいかは個々人によって異なるでしょう。そうであるがゆえに、年齢で一括りにし、それを基準に社会や企業からの退出を促したり、年齢に応じた振る舞いを求めたりするのはいかがなものでしょうか。「年齢」に関する常識、基準をアップデートしなくてはならないのです。これは、ハラスメント対策とも似ています。「男性だから」「女性だから」という言葉を手放し、本当にそう言えるのかと立ち止まって考えると、いろいろ見えてきます。本当に年齢で立ち止まっていいのか、年齢制限は妥当なのか、考えてみましょう。千葉県市川市にある大学で勤務しているのですが、チバテレビが２０１６年に45周年を迎えたときの広告には、地元の実業家であり、ローカルタレントとして活動しているジャガーさんが登場し、「チバテレ45歳？　まだまだ若造だな。」と挑発するキャッチコピーが大きく掲載されました。ジャガーさんは、チバテレの放送枠を個人で買い取り、自身が編集、納品までして番組『HELLO JAGUAR（ハロージャガー）』（１９８５年10月～１９９４年3月、２００５年3月～２００６年10月、２０１０年4月～10月）に出演。独特の風貌やハスキーボイス、火星近くのジャガー星在住で、年齢も秘密という謎めいたキャラクターから、全国メディアでも取り上げられ注目されました。彼は当時、もう60代後半だったと言われています。今どきの50代は、まだまだ若造だと思うのです。年齢で自分を縛り付けることはやめましょう。

## 早期退職、役職定年を見直そう

皆さんの多くは「早期退職優遇制度（早期退職制度）」という言葉を見聞きしたことがあると思います。中高年に対する「早期退職制度」とは何か。皮肉なことにそれは、組織から可能な限り、円満に退出させるという側面がありました。もちろん、中高年の人件費はパフォーマンスの割に重くなってくる可能性があること、役職の席が埋まり、世代交代や組織の新陳代謝が進まないことなどから、取り組まざるを得ないものでもありました。

また「働かないおじさん」問題もあります。これは日本の雇用システムの中で、組織内に、あまり機能していない50代の男性社員が目立つという不良人材がだぶつく状態のことです。そういえば、私が若い頃には「Windows 2000」という、中高年を揶揄する言葉がありました。マイクロソフト社のＯＳにケチをつけているわけではありません。「窓際」で「動作が遅く」て「年収２０００万円」というおじさん、つまり、高い給与をもらっていながらも、働いていないおじさんという意味の言葉でした。さすがに今どき、そんな人はなかなかいませんが、働かないおじさんを表す言葉の一つです。

そして「会社の妖精さん」という言葉もあります。出社しても必ずしも猛烈に働かず、ゆるやかにサボりつつ、定時で退社する影の薄い50代社員を指す言葉です。いつのまにか会社からいなくなっていることから「妖精さん」と呼ばれるようです。また「50Ｇ」という言葉もありました。なかなかつながらず、速度も遅いジジイというわけです。どちらも

「50代のジジイ」への冷たい気持ちが込められた言葉です。

このように、会社に来ても働かない50代社員がいるという現実の中で、50代の社員の退出を促す仕組みが企業にはあります。皆さんもご存じだと思いますが、「定年退職」の他、社内の制度である「役職定年制度」「早期退職制度」などがあります。

日本の雇用システムの特徴は雇用契約期間が無期であり、担当職務が無限定であることです。つまり、雇用契約期間というものが本来明確ではないわけで、そこで区切りを設けようと設定されたのが「定年」というものです。なお、法律上「定年退職」は60歳以上とされており、60歳未満の方を「定年退職」とすることはできません。「早期退職制度」などがあり、中には「45歳定年退職制度」「フレックス定年退職制度」など「定年退職」という名がつく、60歳よりも早い退職制度が各社でありますが、これは法で言うところの「定年退職」とは異なる、早期退職制度の別名です。

中高年に対して、年齢により退場、退出を促すのは、もちろん健康上の配慮もあります。ただ、たしかに加齢により健康を害することもありますが、前述したように一般論として現在の中高年は昔に比べると若々しくて健康です。中高年「だから」健康に注意するのではなく、すべての年齢の人が健康に気をつかわねばならない時代です。癌や脳内出血、心筋梗塞など、様々な死に至る病気は年齢と関係なく注意する必要があり、中高年が特別ではありません。

組織の新陳代謝を促すという意味もあるでしょう。出世の道も途絶え、やる気を失った、しかし給料が高い人が滞留するというのは、日本の組織の課題です。経済同友会代表幹事のサントリーの経営者、新浪剛史氏が提唱した「45歳定年制」は賛否両論呼びましたが、組織の新陳代謝を促すという意味や、個人がキャリア形成に目覚める機会とするという意味ならわからなくはない提案でした。一方で、人手・人材不足の時代であり、これらの人を追い出せばよいというわけにもいかなくなりました。

そして事業構造の転換という問題もあります。産業構造は常に変化します。ハードからソフトへ。世の中はものづくり社会から、コトづくり、ITの時代に変化しています。デジタルをアナログにまとう時代です。たとえば、以前は「メーカー」と括られていた日立製作所、富士通、NECなどは、ものづくりのウェイトが下がり、ITソリューションの企業となりました。ソニーグループも、いまだに売上ではエレクトロニクスの割合が大きいですが、利益はエンターテインメントや金融など、モノ以外のコトで稼ぐ企業になりました。このような転換を促すために、昔からいる人に辞めてもらったり、事業ごと他社に売却したりするのは理にかなっています。もちろん、自身が関わっている事業が対象となったら、その当事者として困惑することでしょう。私自身も、自分の所属する学部が募集停止になる、会社員時代の所属部署が他社に売却されるなどの事件があり、そのたびに当惑しました。

大手企業の事例が中心でぽかーんとする人もいるかと思いますが、どのような企業であれ、事業構造、収益構造が変わっていくのです。その過程でリストラなどが行われることもあります。ただ、その際にターゲットとされることが多かったのは中高年でした。

役職定年にしても、人件費の負担を重くしないこと、新陳代謝を促す効果が期待されていました。取締役、執行役員などになっていない限り、ある年齢で役職をおり、賃金はこれまでの7割程度になるわけです。なお、定年退職し、再雇用になると、これまでの賃金の半分となります。それでも、やりがいを感じる、働き続けたいという人はいるのですが。

「役職定年制」は「経費定年制」とも呼ばれます。つまり、取引先との飲み食いを経費で落とす、タクシー帰りをするなど、経費を自由に使える時代の終了とも言えます。最近では、コンプライアンスが厳しくなったこともあり、経費の使い方も厳しくなっています。一方、私が会社員だった2000年代前半はもちろん、最近でも「これが経費で落ちてしまうのか」と驚愕してしまうことがあります。以前のある勤務先では、会社の宴会で使う居酒屋の「下見」という名の社内飲み会が、経費で落とせてしまって驚きました。また、大手食品メーカーから転職してきた同僚と銀座を歩いていると、彼の元上司と遭遇し「今月なら、領収書、切ってやるからな！」と叫んでいて絶句しました。同期には、客と一緒に行ったソープランドの領収書を、会社の経費で落としたと自慢する輩もいました。その同期は「まあ、大衆店だったのだけどね」と言い放ちましたが、いや、行ったお店のグレードなど聞いていないわけで「おい」という話です。ただ、この飲み食いなり、タクシーなりを経費で落とす生活は、金銭感覚を麻痺させるわけです。公私混同もいいところですが、いざ役職を外れると月収10万円ダウンに匹敵するようなインパクトがあるわけです。

日本の賃金を論じることは簡単なことではありません。長期雇用を前提とした場合は若い頃はトレーニング期間とされ、その時期は育成にコストがかかるものの、その後のリターンが大きくなり、その後、また安くなるということでバランスをとっているという見方もできます。

早期退職にしろ、役職定年にしろ、早めに企業を退職してもらうことによって、再チャレンジを促すという意味もあります。50代前半～中盤で退職すれば、元気にバリバリと働く期間も長く確保できます。

ただ、これでいいのでしょうか。スキルも経験もある中高年が（もらいすぎだと言われるくらい賃金が高い時期があったとしても）、役職や収入を失い、買い叩かれる様子は会社や社会にとって有益でしょうか。年齢による差別を撤廃するという流れからも、人手・人材不足の流れからも、時代に逆行していないでしょうか。以前は中高年の社員を抱え込むということがリスクであり、その人件費をいかに削るかということが論点でした。活躍する中高年を放り出すのは損失ではありませんか。

最近では、役職定年制を見直す企業も現れています。スキル、経験のある人を放出するのは損失だからです。もちろん、人件費の負担の問題はありますが、とはいえ、人手・人材不足の中、人材の確保の方が大切なのです。仕事に値札をつけるジョブ型の仕組みに移行した企業においては、むしろ中高年は最適な賃金で難易度が高く、経験が必要な仕事に取り組んでくれる存在になるのです。

役職定年、定年退職後の再雇用で機械的に賃金を下げるのではなく、最適なポジションと賃金を用意して雇用を確保する動きが一部で広がりつつあります。

そんなことをしていたら、社内の新陳代謝が進まないという批判もあるでしょう。しかし私はむしろ、新陳代謝が一層進む可能性があると考えています。役職や賃金を既得権益化せず、年齢や経験を問わず、その職務、職責を達成できそうな人にポストしてもらう人事制度にすればいいのです。これにより、20代の管理職も、50代、60代のプレイヤーも存在し、それぞれが最適な賃金を受け取るというシステムとなります。プレイヤーとして生きる人は、必ずしも管理職を担当せずにすみ、錆びないスキル、枯れないキャリアを実現できます。

役職定年、早期退職などの仕組みは、失われた30年の中で、企業の延命のために作られました。結果、みんなが疲弊しました。今後の人口減少社会を生きる上でも、中高年の働く喜びを実現するためにも、このようなシステムを見直さなくてはなりません。

## ベテランが活躍する会社を立ち上げよう

50代以上の社員は、「私が身に付けたスキルはもう時代遅れかもしれない」と思ってしまう人が多いことでしょう。なんせ、自身がリストラの対象となる一方で、勤務先は血を入れ替えるために若手社員の大量採用を行ったりもするわけですから。一方、この「自分は通用しないかもしれない」という脅迫こそ、今どきの50代が会社人生においてずっと直面していたことではないですか。この圧を受けて焦ったり、自分を安売りしようとしたりしてしまうのが、50代の悪い癖です。中高年が自身のスキルや経験を活かして活躍できるビジネスを立ち上げる。これが今こそ、必要です。

50代以上の社員が活躍できるビジネスがなかったわけではありません。人材ビジネス会社は、高齢者活躍マッチングビジネスを立ち上げてきましたし、官庁や自治体も同様の事業を立ち上げ、このような企業が受託してきました。これらは中高年の働く機会を増やすという意味では一定の成果がありました。

一方で、これらのビジネスや事業は、やはり中高年を企業から追い出すという側面があることが否めません。仕事で学校法人や中堅・中小企業の方とお会いすると「チャレンジキャリア制度」で転職したという話を聞くことがあります。ただ「チャレンジキャリア」とは名ばかりで、要するに早期退職支援制度です。退職金を増し、退職を促されたわけです。より給料が低い企業にマッチングされ、必ずしもこれまでの経験が活きるわけではない仕事につきます。それでも、新しい環境を楽しんでいる様子なのですが……。選択肢として、給料が下がり、これまでとは関係のない仕事に就くことを悪いとは言いません。選択肢が増えることは良いことですが、中高年を「買い叩いている」ようにも見えます。

このように、他社に50代を送り込むのは、雇用の流動化を促しているとも言えますし、大企業で勤務した人を中堅・中小企業に送り込むことで、大手とのリレーションが生まれたり、大手流の仕事術を社会に還元したりしているようにも見えます。ただ、まったく新しい環境に送り込まれることなく、もともとつけた力を活かしたり、いまやりたいと思っていることを通じて会社や社会に貢献したりする方法はないのでしょうか。50代以上の社員が築き上げたこれまでの経験、磨いてきたスキルを活かした仕事に就くという手はないのでしょうか。ここで一つの事例を挙げたいと思います。中高年のこれまでの経験を活かし、彼ら彼女たちを先生役として送り込むというビジネスモデルの一例です。

ＯＪＴソリューションズ（愛知県名古屋市）という会社があります。この会社はトヨタ自動車とリクルートグループの合弁会社で、２００２年に設立されました。ＯＪＴソリューションズという会社を一言で説明すると、人材育成ソリューションサービス企業です。トヨタ自動車のモノづくり現場で約40年間活躍した管理監督者を、再雇用し、トレーナー役にするのです。トヨタ自動車からやってくる人は、皆、定年間近の50代後半の人たち。トヨタという日本のモノづくりの象徴とも言える企業であらゆる経験を身に付けた彼らが顧客企業の現場を診断します。その診断結果をもとに顧客企業内で改善プロジェクトチームをつくり、トレーナーと半年間一緒に改善活動を行います。顧客企業の社員らはトレーナーとともに改善活動を行うことで、トヨタのエッセンスが詰まった様々なことを学びます。そしてゆくゆくは自ら現場を変革し続けるリーダーとなっていくという育成プログラムです。

私はこのＯＪＴソリューションズの立ち上げメンバーとして送り込まれました。正直言って、この話を持ち掛けられた際は少し戸惑ったものです。この合弁会社の立ち上げを通勤中に読んでいた日経の朝刊で知り、その週、深夜の会議が終わったあとに、人事の内示があり、出向、転勤が決定したという突然、身に降りかかってきた話であったからです。それは会社員の悲哀そのものの光景でした。内示を受け、4月1日には始発の新幹線で名古屋に向かい、地図でOJTソリューションズが入るビルを探したことを今でも鮮明に覚えています。

何より、トヨタ自動車は、自分にとっては真逆な企業で、自分のスタンスとも、リクルートという企業とも水と油の関係だと思い、職場で普通に働くのすら息苦しいと思っていたのです。当時、乗っていたクルマは輸入車のワゴンで、その点においても肩身が狭かったです。

しかし、私の不安は杞憂《きゆう》に終わりました。トヨタとリクルートは、目標達成意欲が高く、変化に前向きで、人の成長・育成にとことん力を入れるという意味で共通していました。そして、長年、現場で仕事に邁進してきた50、60代のモノづくりの鬼神たちの職場管理スキル、改善スキルを見て感動したのでした（なかには70代の社員もいました）。管理が行き届いていて、快適で働きやすく、モチベーションに満ちた職場がそこにありました。整理整頓が徹底され、職場において「標準・基準」が明確で、それをもとに正常か異常かを判断し、改善を行うのです。あらゆるものが「見える」状態になっていることに驚いたのでした。輸入車のワゴンに対しても猛批判するのではなく「トヨタ車の方がいいのに、なぜそんなクルマに乗るのか？」と優しい視点で語りかけてくれました。

当時のトヨタの本社の会議室には「この会議、何万円？」というポスターが貼ってありました。どんな役職の人が何人いるかを当てはめると、概算ではありますがその会議にいくらかかっているかがわかるのです。職場の文房具置き場には、ペン、付箋などの価格が貼ってあります。すべてが見えるかたちになっているのです。

また、工場の現場には、各技能員がある作業をどこまで行うことができるのか、スキルマップが貼られています。その技能員が、いつ有給休暇をとるのかも数ヶ月先まで明示されています。

もちろん、すべての作業はマニュアル化され、ドキュメントとして他の人も閲覧できるようになっています。そしてそのドキュメントをもとに作業を確認することができ、問題点を指摘することにより改善を進めることとだってできるのです。管理監督者は、技能員がそのマニュアルに即した仕事を行っているかをチェックすることができます。上手くいっていない場合は、指導を行います。技能員の顔色を見て、元気がない人には面談も行います。

工場の中は、整理整頓が行き届いています。必要なものとそうではないものが明確化され、不要なものはどんどん捨てられます。必要なものは決められた場所に明確にわかるように、置かれます。なので工場は非常にすっきり、キレイです。そして「あの道具、どこにあるんだ?」といちいち探さなくても済むので、効率的に動くことができるようになります。私はそのような現場を目にし、ここまでやるのかと感動しました。

合弁会社のビジネスの説明に戻りましょう。簡単に言うと、ものづくりに没頭してきたトヨタ社員を先生役として各企業に送り込むビジネスです。トヨタ式のものづくり家庭教師が自分の会社にやってくるというわけです。このビジネスはお陰さまで好評で、22年間、企業は存続しています。60代、70代のトレーナーが飛行機や新幹線に乗って、颯爽と顧客企業のもとに向かう姿は痛快です。トヨタで身につけた力は「高く売れる」わけです。日本の製造業を支える仕事に60代、70代のトレーナーたちはやりがいを感じています。

もっとも給料という意味では、これまでの年収ほどはもらえません。最適な賃金なのかどうかは問われるでしょう。今後は、経験を活かし、60代で現役時代と変わらないくらい稼げるようなマッチングができるようなビジネス、仕組みが求められるでしょう。

この手の話は、「それはトヨタだからできる話ですよね」「私は中小企業出身だから必要とされないな」という話になりがちですが、いえいえ、あなたには長年のビジネス人生の中で培った、「中の上」レベル以上のノウハウ、スキルがあります。つまり、「中の上」以上なら、他社の人がお金を払ってでも知りたいノウハウといえるのです。

一方、スキルやノウハウをもった人が独立するだけではビジネスは成立しません。顧客の開拓や、顧客との折衝で課題を抱えることになるからです。また、普通のビジネスパーソンからトレーナー、コンサルタントに転身するためには、振る舞い方などを学ぶ必要があります。

50代以上の熟練ビジネスパーソンを先生役にするビジネスを地域、業界、各企業レベルで立ち上げると、社会は変わります。今後、日本経済を変える可能性すら秘めています。このような動きの広がりに期待です。

## キャリア教育、キャリア形成を支援せよ

現在、私は千葉県市川市にある、千葉商科大学で大学生のキャリア教育の専門家として教壇に上がっています。２０２５年には大学の学部再編に伴い、次世代のキャリア教育プログラムも立ち上げます。このプログラムの立ち上げで感じたのは、世代間でのキャリア教育への捉え方、感じ方のギャップでした。キャリア教育に対しては、いまだに大学を就職予備校化するのではないか、企業に対して無批判な若者を育てていないか、就職活動の早期化を助長していないかという批判がありますし、それは真摯に受け止めなくてはなら

ないと感じています。とはいえ、微力であっても、無力ではないのです
それは前提として、2024年現在の50代と、それ以下の年代で明確に違う点があります。それは、10代、20代のときに、学校でキャリア教育を受けたことがあるかどうかという点です。ここで注目したいのは、就職氷河期以前には、キャリア教育（と名のつくもの）は、ほぼ存在しなかったに等しいことです。今の40代と50代の違いでいえば、就職氷河期に直面し、教育機関が力を入れ始めたか、そうではなかったという違いがあります。より厳密に言うと、50代前半も就職活動の形態が変わり始める時期に活動するということを経験しています。それは、リクナビ、マイナビなどの就職ナビが登場し、ネットで自ら企業を検索する時代が始まったばかりの時期でした。また、就職活動で自らの経験を振り返り、価値観や行動特性を振り返る自己分析が導入され始めたのもこの頃です。逆に言うと、やや乱暴ですが、将来のことなどあまり考えず、なんとなく生涯の勤務先を選んでしまう時代であったとも言えます。

就職氷河期世代の初期〜中期、それ以前の世代は、大学を卒業したら就職するのが当たり前という世代で、特に有名大学から大手企業へ行けば定年まで勤めることが当たり前でした。雇用の流動化が進んだとはいえ、私の周囲にはそのような人たちが多数います。ゆえに、世の中の動きに流されて、いつの間にか、歳を重ねている人が多いというわけです。成果型賃金、組織のフラット化、管理職の役割の見直し、働き方改革、リモートワークの

推進、そして中高年の活躍・活用と、社会の変化、会社の変化に巻き込まれながら会社員として日々過ごしてきた人が多いのです。

このような人たちに用意されているのが、現状は「キャリア研修」という名の「黄昏研修」つまり会社から退場するためにこれまでの人生を振り返りつつ、身の振り方を考える研修です。このような研修に定年間近というときに遭遇するわけです。いきなりこのような研修のお知らせが会社から来たとして、その人たちは会社員生活の終わりをハッピーに過ごせるでしょうか。もちろん、企業によっては手厚く、査定のフィードバックのたびに、これからのキャリアに関する面談があったりするわけですが。

それよりも、30代、40代のうちから社内で、社外で、今後の会社員生活でどのような選択肢がありうるのかを伝えるプログラムを会社がきちんと用意すべきです。早いうちから今後のキャリアや人生について考える機会を与えておくことで、不幸な中高年は減ります。考える機会があるがゆえに、企業内でのキャリアの選択、さらには中長期の先を視野にいれ副業で将来の準備をすることができるのです。さらには、独立、起業という選択も広がります。40代からの戦略的移籍支援、中高年の起業、独立支援、40代、50代の副業支援に社会や企業は取り組むべきです。

そもそも「黄昏研修」が存在するのは大手企業が中心です。中堅・中小企業で働く人、企業に所属していない人も含めて知識を身につけるために、公共事業として公的機関、教育機関において無料でアクセスできる仕組みをつくるべきではないですか。

「黄昏研修」ですべてをハッピーにしようとするのは甘いです。早くから取り組みを行うべきでしょう。

## 50代の「副業」を推進せよ

50歳以降の人生をハッピーにするためにも、社会に知を還元するためにも、労働力を供給するためにも、50代の副業推進を提案したいです。副業で独立の練習をするのです。20代のビジネスパーソンが、将来の独立などを考えて副業に取り組むのと、50代のそれとは大きく異なります。副業を将来、本業にしなくてもよいのです。たとえば、定年後、再雇用で給料が半分になっても、好きなことに副業で取り組み、トータルでバリバリと稼いでいた頃と同じくらい稼ぐという考え方もあります。また、年金などを活用して、副業で取り組んだことを本業にして、好きなことでそこそこ稼ぎ生活を成立させるという手もあります。好きなこと、やりたいことをして生きていく生活の予行練習と位置づけることができるのです。副業推進企業において、申請者が多いのは20代と50代だそうです。まさに次の人生の予行演習をしているのです。

官民をあげて本業以外の副業（複業）・兼業をすすめる動きが広がりました。パラレルに取り組むことから、「複業」と表現することもあります。

厚生労働省の「柔軟な働き方に関する検討会」が2018年1月に「副業・兼業の促進に関するガイドライン」を発表しました。この頃、企業が参考にするモデル就業規則も副業・兼業を前提としたものに変更となりました。副業を推進する企業の例も、広がりをみせています。

副業を支援するサービスも登場しています。たとえば、クラウドソーシングという個人と、企業を仕事の案件ベースでネットを利用してマッチングする仕組みです。仕事の中身や金額だけでなく、納期、必要とされるスキルなどをもとに個人と企業が互いに検索することができます。企業にとっても、条件にあう人をスポットで探すことができ、人を雇う余裕がない、採用に苦戦しているなど、人手不足で悩む企業にとってはメリットが大きいです。

副業は個人にとって新たな収入源となるだけでなく、本業で得た経験やスキルを活かす機会になります。また、転職をしなくても新たな仕事の経験を積むことができます。次のキャリアの予行演習も行うことができるのも魅力です。企業としても、社外での経験を本業にフィードバックすることができる、ネットワークが広がる、優秀な人材が辞めないなどのメリットがあります。国が副業を進める背景には、労働力不足を補う意図も見え隠れしています。

もっとも、リスクもあります。健康管理、本業で得た情報の漏洩リスク、労災が起こった場合の対応などの問題があります。長時間労働是正の流れに反する動きとも言えます。職場の理解を得られるかどうかも問題です。

私のゼミの学生たちが、副業をテーマに卒業論文を書きました。大手企業を中心に10社近く、人事部長を中心に取材に行きました。前述したような大義名分のもと、各社、副業を解禁、容認しているのですが、身も蓋もない結論がでました。それは、各社で副業推進策は進めているものの、利用者はほぼおらず、従業員数ベースで1％以下という企業がほとんどでした。また、その中身も、家業を手伝っていたことを勤務先に報告したというケースが思いのほか多かったのです。

一方、副業には可能性があります。特に50代にとっては、これからの人生への〝助走期間〟となり得ます。

副業を始める人は、会社が制止しようとも、逆に副業推進を掲げていようとも、勝手に始めてしまうと思います。おそらく、多くの人は副業に興味があるものの、一歩踏み出せない、あるいは何から始めていいのかわからないことでしょう。なぜ、副業をするのか、立ち止まって考えてみませんか。優先するのは、お金を稼ぐことなのか、自分のやりたいことに取り組むためなのか、自分の力を試したいのか、新たな力を身につけたいのか、今までの人脈を活かすのか、新たな出会いを求めるのか……。まさに、自己分析が必要なのです。

このとき、業務上経験したことは、そのまま役に立つことが多いです。また、プロ並み、セミプロですねと周囲から評されることを仕事にするという手もあります。

一方、企業によっては、本業と関係のある副業は一切禁止というところもあります。また、長時間労働対策のために、副業可能な時間が限られていることもあります。

副業を実際にやってみて、仕事としてやっていけそうか、実際に稼げそうかなどを確認しましょう。好きなことでも、お金をもらって仕事とするには抵抗を感じるかもしれません。自分の実力不足を感じるかもしれません。実際、まわりで50代で副業をしている方は、人事の方がキャリアカウンセラーを、広告代理店勤務の方がバーの経営を、ウェブを駆使したマーケティングのプロが空手道場の経営を、外資系コンサルティング会社勤務の方がライブハウスの店員兼ミュージシャンを、というように実に多様です。

いかにもエネルギーあふれる若い人が取り組みそうな副業ですが、50代こそ楽しく稼ぎ、生きていく手段と位置づけることができます。50代こそ明るく副業に取り組みましょう。

そのための支援に企業や国、自治体などが積極的に取り組んでもらいたいものです。

## 「番頭」の登用、採用を強化せよ

50代のハッピーな働き方のヒントは、「番頭」として活躍するということです。たとえば、家族経営の企業ですと、創業者の2世、3世が大企業などで修行したあと、30代後半から40代で実家に戻り、家業を継ぐということがよくあります。彼ら、彼女らが家業を継ぐ際、自身の〝片腕〟が必要となります。同じように企業の経営の現場でも、経営者が自分の片腕として自分と同年代くらいの人を起用する一方で、もう一人の片腕をベテランにするというケースがあります。ここに50代社員の出番があります。ビジネス経験が豊富で、対人コミュニケーションにも長け、2世、3世経営者や若手経営者にはない力を持っている50代社員の力をぜひ活かすべきです。

経営の片腕だけではなく、社内の番頭としての役割も期待されます。若い課長を支えるのです。日本の雇用システムの特徴に年齢とともに年収も役職も上がる「年功序列」が挙げられますが、平成、令和において変化が見られます。端的に言うと、20代、30代でも、高い年収を得られるようになりましたし、人事制度上、若くても管理職に就く可能性が生まれています。若くして、年収もポジションも高くなるのは、外資系企業やベンチャー企業の特徴とされてきましたが、日本企業もこれらの企業との人材争奪戦で変わってきました。管理職には、組織を運営するだけではなく、変革することも求められます。戦略性、市場の創造などにおいて、若い才能、センスは活かされるとも言えます。

一方で、マネジメント経験が十分ではない人が管理職に抜擢、登用されているというわけです。ただでさえ、管理職は罰ゲーム、無理ゲー化しています。プロパーも中途入社も含め、老若男女をマネジメントしなくてはなりません。育児・介護などの事情を抱え時間限定勤務をする部下もいる中で、さらには長時間労働を是正しつつ、成果を出さなくてはなりません。ハラスメントも明確に定義されており、厳しい指導、マネジメントはしにくくなっています。「管理職に抜擢される」というのは美談のようで、現場で営業担当者として顧客を担当する、企画担当者として商品・サービスを考えるなどの実務から離れることになります。やりたいことができなくなるわけです。まさに罰ゲームです。

このような若い管理職のもとで働きつつ、自身の部下や後輩の指導経験をもとにマネジメントや人材育成のサポートをするのです。実際に営業同行をしたり、営業を育てるためにロールプレイングをしたり、企画書を直したり、時には叱咤激励をしたり、新規顧客となりそうなリレーションを紹介したりと、まさに番頭です。管理職から降格してプレイヤーになる人もいますが、むしろ現場に戻ることができ、いきいきとしているケースもよくあります。

年下の上司に抵抗がある人もいることでしょう。ただ、それを手放し、番頭として活躍する覚悟があれば、50代以降の人生は楽しいです。役に立っている実感を味わいましょう。社会として企業として番頭を採用する勇気を期待したいです。優秀な番頭が社会を変えます。

## 「老害」を死語に、年齢を非表示にせよ

「老害」という言葉を使うのをやめましょう。もっと踏み込んでいうと、年長者を悪者扱いするのはやめましょう。

2024年、この本を執筆中に流行った言葉の一つに、「ソフト老害」というものがあります。第1章でも触れましたね。おさらいすると「ソフト老害」は、20代後半~40代という年齢的には決して老いていない層が職場で老害化している現象を指します。「ソフト老害」が生まれるのは世代間ギャップのスパンが短く、細かくなっているからです。若い人ほど、多様なコミュニケーション手段を使いこなしますし、ハラスメントをはじめ、コンプライアンスについて、高い問題意識を持っています。それに対して、従来は「老害」とされなかったはずの年齢層の人が、今の常識を十分にアップデートできていないがゆえに「老害」と言われてしまっているわけです。これは年齢にとらわれず、能力次第で管

理職に登用する人事制度が広がりつつあることの弊害でもあります。ですから、若くして出世してしまった人が、本当は「老害」の世代ではないのに、老害化することもあります。

一方、年長者を悪者扱いすることが「老害」なのではという疑問もわきます。要するに、マウンティング、ハラスメントの一種ではないですか。さらには、年齢によってもとはよかった人が悪い人になるかというと、必ずしもそうではないです。最近では、若者が年上の人に権利を主張して痛めつける「若害」という言葉も流行り始めました。もうよくわかりません。「老害」にしろ「若害」にしろ、年齢を根拠に人を痛めつけるのは、ハラスメント以外の何ものでもありません。

「老害」「若害」という言葉に限らず、日本では世代間闘争、世代間ギャップがよく語られます。「就職氷河期とバブル世代の対立」のような話がよく語られますが、そもそも日本の世代のくくり方、語り方はいい加減であることを確認しておきたいところです。海外の世代は、10～15年刻みでくくられますが、日本は「バブル」「就職氷河期」「ゆとり教育」など社会的な出来事でくくられます。そもそも世代のくくり方がいい加減なのです。そして、まるでプロレスの軍団抗争のように、実際はリスペクトしあっていて、手の内もわかっているのに、世代間で激しく抗争しているかのように煽り立てられるのです。でも、世代により享受したことや価値観の違いを糾弾するアメリカに比べるとだいぶマイルドです。

いまや「消齢化社会」です。年齢や世代による差がなくなる社会です。そもそも、年齢を表記することや、年齢で何かを語ることを控えませんか。若害という言葉がある時点で、攻撃的な言動をとりがちな人は、物事を考えたり、発言をしたりするときには、年齢は関係ないということが可視化されています。年齢を盾に何かを語ることも不適切です。

不毛な世代間対立をやめ、安易にジェネレーションギャップで片付けないためにも、世代間の対立を煽るようなことを控えたいものです。ここは思い切って、年齢の非公開を前提にした社会にすると、それぞれがもっと自分らしく生きられるのではないでしょうか。

## ロスジェネに青春をもう一度

最後に、ロスジェネ、就職氷河期世代、第二次ベビーブーマーを代表して言わせてください。この世代がいかに元気に活躍するか、ハッピーになるか。日本の未来、浮沈はここにかかっています。私たち、50代という世代をなかったことにしてはいけないのです。

私が40代に入った頃に流行った言葉は「下流中年」でした。収入が低い、雇用が安定しない、恋人や配偶者がいない、衣食住にかけられる金額が低いなど、生活レベルが低空飛行を続ける中年のことを表現する言葉です。

私たち「就職氷河期世代」「ロスジェネ」と呼ばれる、バブル崩壊後、日本経済の低迷期に高校、大学を卒業した層が中年になり始めた頃でした。かつて、中年は働き盛りであり、住宅ローンを抱えつつも、懸命に家族を養っていました。しかし、長期間にわたり非正規雇用が固定化するなど生活が安定しない人たちも出現していたのです。低賃金のため、どうしても食事はジャンクなものになりがちです。ただ、「下流中年」になるおそれはなにも社会に出てからずっと非正規雇用で働いてきた者だけに限りません。リストラ、過労、離婚、親の介護など環境の変化が原因で、生活が安定せず、一気に下流中年に転落することもあり得ます。さらに恋愛をする意欲も減退し、中には、中年になっても、まだ性交経験がない「中年童貞」もいると指摘されました。今までの中年像とは異なる、下流中年の出現が可視化されたのです。それらの現象は「アラフォークライシス」とも言われました。

「人生再設計第一世代」という言葉もありました。この「人生再設計第一世代」とは就職氷河期世代を言い換えたもので、集中的に支援していくべきとされる世代のことをいいます。この世代を支援すべく、政府は職業訓練や、職業紹介などを充実させるプログラムなどを検討しました。

この「人生再設計第一世代」という言葉自体が、当事者たちをスティグマ化したものとも言え、批判の声が上がりました。介護業界など離職率の高い業界や、地方の観光業にマッチングしようとするなどの取り組みが当初検討されていたのですが、これまで正規雇用で働いたことのない人にとって、それは難易度が高いのではないかという見方もありました。そもそも非正規雇用で働く人にとっては、就職活動や転職活動をするための時間や労力を捻出すること自体が厳しいという現実があります。政府による政策は、こうした部分に対する配慮と対策が十分だとは言えないものでした。そして何よりも、正規雇用で働いて当然である、ということが前提になっており、正規雇用で働いてくださいというプレッシャー自体が、心地よいものとは言えません。支援と標榜しつつも、実際のところは、労働力を少しでも増やしたい、不安定な生活の人が増えることで社会保障が重くなることを避けたいという国の思惑を強く感じるものでした。

私たちが40代後半に差し掛かろうとするときに「中年うつ」という言葉を雑誌や書籍などで多々目にするようになりました。過酷な仕事、将来への不安、育児、離婚や親の介護などプライベートの変化、生活習慣などからうつ病を患う中年が増えています。

私たちの世代は、本書でも何度か触れていますが、「最後のマス」と言われ、同年齢の人が国内に約200万人もいます。人口においては、存在感が大きいのですが、われわれの世代が社会に出る際に就職氷河期がやってきて、職を得るのに本当に苦労しました。その上、新自由主義のもと競争させられ、何をしても自己責任だと言われ、蹂躙《じゅうりん》されてきました。未だに安定した状態で働くことができない人もいます。この状態は社会的損失だと言わざるを得ません。

一方で、当事者として、「自己責任グセ」がついてしまっているがゆえに、何かが起きると自分自身を責めてしまったり、何か一歩踏み出せない状態になってしまったりしている人がわれわれの世代には非常に多いのではないかと感じます。気づいてみれば、自分たちの世代は〝なかったこと〟〝存在しなかった人たち〟になってしまっているわけです。結局のところ、私たちの世代の課題は突き詰めると、そうした「自己責任グセ」にみられるような心理的な閉塞感にあるのではないでしょうか。

天下をとれなかった世代と揶揄するのでもなく、社会から冷たく退場させるのではなく、この世代をいかに活性化させるか。企業や組織に若返りを求めて若い人たちの採用や登用に目を向けることも重要ですが、この「自己責任グセ」がついてしまっている世代をいかに活性化させるかを考えると、日本は前に進みます。

私たちが若い頃には「高校デビュー」「大学デビュー」「社会人デビュー」という言葉が盛んに使われていました。進学、就職などで新しい環境に進むときに、キャラ変、イメージチェンジなどをはかることです。突然、ヤンキーになったり、ギャルになったり、パリピになったりするわけです。これらは当時、「痛い」行為とみる向きもありました。ただ、いま思うと、変身すること、さらには幸せになることに、私たち50代は必死だったのだと、ポジティブに捉えることもできます。

「50代デビュー！」

いいじゃないですか。これからの人生に向けて、キャラ変すること、負の連鎖を断ち切ること、幸せになろうと思うこと、よいと思います。「LEON」や「GOETHE」（幻冬舎）などの雑誌を読み出して、いきなりちょい不良（ワル）オヤジになることを私はまったく否定しません。突然、モテだすかもしれません。人間、モテて悪い気がする人はいないと思います！

私たち50代は17歳くらいまではハッピーでした。よく、SNSで見かける、援助交際、パパ活を持ちかけるアカウントに「17歳のときが一番女子していたと思う」というプロフィールの記述がありますが、実際、50代の私たちも17歳のときが一番、男子していたと思います。それから就職氷河期がやってきて、失われた30年を経験し、低成長の時代の中で生きていかねばならなかった私たち。空元気《から》じゃないのと言われるかもしれませんが、私たちの人生が終わっていません。ロスジェネと言われた私たちには、人生を取り戻す権利はあると思っています。

「なんのために生まれて、なにをして生きるのか、こたえられないなんて、そんなのはいやだ」

『アンパンマン』の主題歌「アンパンマンのマーチ」の一節です。私たちの世代は、この歌を幼少期に、リアルタイムでは知りません。いや、『アンパンマン』自体の存在は知っています。ただ、あくまで絵本として、です。アニメ化されたのは１９８０年代後半でした。自分の身体を自身の犠牲も顧みずにさしだすという世界観がなかなか理解されないうえ、ばいきんまんという悪役キャラがいるがゆえに、スポンサー候補の食品メーカーが当初、難色を示しなかなかアニメ化されなかったという説があります。しかし、アニメ化されてからは、アンパンマンは誰もが知るキャラクターになりました。ちなみに、やなせたかし先生は絵本や童謡の歌詞などで実績はありましたが、このように同作品が大ヒットしたのは60代になってからでした。戦争で出征し、さらに弟さんが特攻隊で亡くなるなどたくさんの経験をしました。ちなみに、２番の歌詞で「光る星は消える」とあります。この歌詞をはじめ、この曲はやなせ先生の弟さんのことを歌ったものだそうです。

同じことを繰り返しますが（強調したいので）、やなせ先生の人生の花が開いたのは60歳以降でした。この話だけで、同作品同様に、愛と勇気がわいてきませんか。

この『アンパンマン』の主題歌で出てくる問いかけは、私たちの肩に重くのしかかります。何のために生まれて何をして生きるのか――。

あなたは答えられますか。

「答えられない」、そのような答えが大多数だと思います。答えが見つからなくても、答えられなくても、私たちは生きるのです。この問いに向き合って。


10年ほど前、私と同世代である新日本プロレスのエースで現在は社長を務めている棚橋弘至さんと対談したことがありました。棚橋さんからは、プロレスを見る際は、華麗な技もいいけれど、技を受けて何度でも立ち上がる強さを見てほしいというメッセージを頂きました。私たちも、ときに反則攻撃も含めて相手の技を受けつつ、ロープにふられても戻ってきつつ、何度でも何度でも立ち上がるのです。


就職氷河期世代、ロスジェネをなかったことにしてはいけません。ずっと非正規雇用で働いている人に限らず、私たちが自信を取り戻さなくては、日本は再起動しないのです。

ミッドエイジクライシスをのりこえましょう。

ロスジェネに青春をもう一度。

今日が人生で一番若い日です。

行こうぜ、50代の向こうへ！

コラム

# 私的50代の「To Do List」

本書で何度か触れてきましたが、50歳にして、小学1年生の娘を育てています。元気でやんちゃな娘に向き合うのは、アラフィフの夫婦にとっては、体力的に辛いですが、とはいえ、日々、娘の成長に立ち会える幸せを噛み締めています。小学校1年生の娘、大学生と日々接する毎日に感謝しているのは、若い人たちの今に向き合うことができるからでしょうか。彼ら彼女たちの夢や目標が日々更新されていく様子をみて、ワクワクしています。

たまに、立ち止まって考えるのです。そういえば、私にも数々の夢があったことを。諦めた夢、忘れていた夢などが多数あることに気づきました。夢を諦めること、忘れることは必ずしもネガティブなことではありません。夢は更新されていくのです。夢を追うことから、現実的な目標にシフトすることもあるわけです。

実際、私は夢のことを日々考えるわけでもなく、忘れるわけでもなく、目の前のことを追ったり、追われたりしつつ、日々を楽しんでいます。5時台に起きて、妻子と一緒に近所にある洗足池を散歩し、家族の朝ご飯と娘のお弁当を作り、大学に出勤し、講義をしたり、会議に出たり、研究室で原稿を書いたり、取材対応をしているうちに一日が終わっていくのです。ジムに行って筋トレをする、音楽スタジオに行って個人練習をする、友人・知人と会食する、音楽を聴くことのできるレストランに行く、レイトショーに行くのが日々の楽しみです。娘や教え子が成長する瞬間、自分の意見で勤務先や社会が動いた瞬間、新たな事実を発見した瞬間、新たな視点を提示できた瞬間、主夫として美味しいものをつくったとき、プレイヤーとして今まで出せなかった音を奏でられたときなど、日々の感動を糧に生きています。

ただ、そんな毎日が楽しすぎて、人生で成し遂げたいこと、夢などを忘れてしまいがちです。いや、それらの多くは常に追っています。歴史に残る著書を書き上げる、今、取り組んでいる大学改革を成功させ前例のない大学をつくる、自分の意見で社会を動かすなどです。でも、これ、普段の仕事そのものなのですよね。

というわけで、人生の夢を忘れていたことを確認しました。幼少期からの夢を思い出してみると、世界の国立公園めぐりをしたい、ラジオパーソナリティーをやりたい、留学したい、海外に住みたい、幼少期からずっと好きな作家やアーティストと会いたい、ベストセラーを出したいというものでした。

いや、よりぶっちゃけて言うと、小山薫堂さんを「GOETHE」などライフスタイル誌で見かけるたびに、心の奥底で羨ましがっている自分がいます。後世に残る仕事をする一方で、雑誌の企画で美味しいものを食べて、おしゃれができる人が羨ましいと思ってしまう、浅ましく、おろかで小さい自分がいることもたしかです。今の常見陽平くらいの著者に食やおしゃれや旅を語られても困ると思うのです。でも、夢くらいは見させてくださいよ。

そんな夢を思い出しつつ、できるだけ目の前の仕事と関係ないことで、50代で達成したいことをあげると、国内外の多拠点での生活、プロとして音楽活動をしてロックフェスに出演すること、ラジオパーソナリティーになることですね。あまり大きな夢でなくてすみません。ただ、これは前から実現したいことだったのです。

娘や教え子たちに対して、思わず期待してしまうこともあります。彼ら彼女たちの成長や、その夢の実現の応援をするというのが、日々取り組んでいることでもあります。一方、それは、楽しいのですが、若い人に夢を託し、自分の夢を放棄するのはダサいのです。

結局、今のような楽しい日々を続けること、それに取り組んでいるうちに、新たなワクワクが見つかること、それがすべてなのでしょう。というわけで、特に自分の年齢を意識せず、前に進みたいです。

それでも、10代の頃のように、こう叫ばせてください。

村上春樹さんのような作家になりたいですぅ。

# あとがき

ＳＭＡＰの「夜空ノムコウ」という曲の「あれからぼくたちは 何かを信じてこれたかなぁ」というイントロを聴いた瞬間、私は黙って泣きました。１９９８年１月のことでした。社会人１年目で、まったく仕事ができず、いつも上司や先輩、お客様に叱られてばかりでした。前年に、北海道拓殖銀行（拓銀）、山一證券が経営破綻し、日本経済の荒波に飲まれていました。「これは、同世代のＳＭＡＰが私のために歌ってくれた曲だ」と思いました。

この本を書き上げたとき、「夜空ノムコウ」を聴きたくなりました。やはり泣けました。ただ、四半世紀前にこの曲を聴いたときの涙とは意味が異なります。世界も日本も、会社や社会も、自分自身や周りにも、そしてＳＭＡＰにも色々なことがあったけれど、今日を生きるしなやかさ、夜明け、明日を信じる強さを身に着けました。

この本を書くことは、私にとって、自分自身の再生であり、セラピーでもありました。あまり職場や家庭のせいにはしたくないのですが、２０１５年に大学の専任教員となってから、さらに２０１７年に娘が生まれてから、私は明確にアウトプットの量が減りました。

働き方評論家として、育児、家事をサボってはいけないと、仕事の優先順位を落とし、かける時間を減らしました。大学の勤続年数も長くなり、いつの間にか大学改革の波にのまれ、学内の会議、担当するプロジェクトが増えていきました。さらに、新型コロナウイルス・ショックが追い打ちをかけました。じっくりと本を書くことができなくなりました。お待たせしている本が数冊ある状態です。この本は5年ぶりの単著です。

そんな中、オファーの順番ではもっとも後のこの本を優先して刊行することに、憤慨する編集者もいることでしょう。ただ、自分が復活するために、この本の完成を急ぎました。本文にもあるように、年齢が近い人と会うたびに「50代のための本を書いてくださいよ」という声を多数頂きました。なにより自分が50歳のドアをあけた、この年に、会社と社会と自分の50年を総括し、これからの50年を考えたかったのです。低迷の約10年が嘘のように、溢れ出るように言葉が湧き出てきました。

当初は、50代を迎える就職氷河期世代の過去・現在を総括したものを構想していました。ロスジェネが早期退職制度、役職定年、関連会社出向・転籍などにより冷や飯を食わされつつ、親の介護に直面し、老後に不安を感じる悲劇を描いていました。しかし、編集者から「悲観論は、もういいじゃないですか」という大胆な提案を頂き、希望をもてる話、元気がでる話を中心に書くことにしました。大の大人が笑って泣けるキャリアエッセイとなりました。
「自分を広げる、世界が変わる」とのコンセプトを掲げる平凡社新書の一冊としてリリースできて嬉しいです。平凡社といえば、経済史学者の亡き父、孝は百科事典の執筆を担当していました。ケルト研究者の母、信代も1980年代に同社から共著を出版しています。両親が西洋史学者という家庭に生まれ、洋書が並び、珈琲とタバコをこよなく愛しつつ徹夜で原稿を書く姿を見て育ったのに、私は見事にドロップアウトし、小学校からロックにのめり込み、見た目だけ不良少年となり、大学では転学部、社会人になってからも転職を繰り返すなど「転」の多い人生を送ってきました。今は、実務家教員枠で「大学人」をしています。この本が親孝行になるかどうかわかりませんが、両親が本を出した平凡社から出版できたことは嬉しいです。歴史、料理が大好きな娘も、将来、平凡社で本を出版できますように。

ここ数年の私の変化でいうと、ますますロックに生きているということでしょうか。はい、実際にロックを演奏しているのです。40年以上続く六本木のロックを生演奏するバー、BAUHAUS（バウハウス）に2022年の秋から通うようになりました。この店の主なお客さんは外国人か、40代以上の日本人男女です。ゲスト演奏も可能なこの店で、毎週のようにセッションを繰り返したこと、来店するお客さんとの交流は私の中の何かを変えました。大手企業、外資系企業などで活躍してきた人生の先輩たちがロックを愛するそのパワフルな姿はこの本にも影響を与えてくれています。彼ら彼女らを見て素敵な年齢の重ね方を学びました。60代の方が働き続け、さらに夜はここで音楽を楽しみ尽くしている姿をみて感銘を受けたのです。私は何で、年を取ることに抵抗を感じていたのだろうと。気づけば、3つのバンドを掛け持ちし、Z世代から80代までの老若男女と毎週、演奏しています。

本文にあるとおり、40代に入って、アルコールとセックスをやめました。「セックス、ドラッグ、ロックンロールと言うけれど、僕にはロックンロールしかない」というのが最近の私の決め台詞です。私のロックンロールは続いていきます。家事、育児、音楽活動など、宇多田ヒカルが言うところの「人間活動」が私の仕事によい影響を与えています。生成AIの時代、この本からも人間らしい温かさを感じていただけたのではないでしょうか。この「人間活動」こそ私たちが大切にするべきことではないでしょうか。

この本に関して、楽観論ばかり、男性視点、勝ち組の視点、都合のよい事例を並べただけ、などという批判はあることでしょう。私自身、評論家としてその手の本を批判してきました。一方、「自己責任グセ」「失われた30年仕草」「就職氷河期レッテル」を、第二次ベビーブーマーの私たちが乗り越えなくては、日本に明るい未来なんてこないと思ったのです。不幸な中高年だらけの国にしたくはありません。明るく、楽しく、前向きな話に振り切りました。それぞれの頭文字をとってATMとも言われますね。

自分が当事者であるにもかかわらず、男社会、おじさん、おっさんを批判しているのはズルいなとも思いますよ。いや、この国の男女平等は以前よりは進んだものの、まだまだ他国からははるかに遅れをとっています。そもそも、平等である前に、公平にしなければ、つまりこれまで弱い立場にあったことを考慮しなくては、時代は前に進みません。下駄を履いてきた男性が気持ちよく下駄を脱げるように、あるいは、老若男女関係なく、それぞれがぴったり合うシューズを履けるように会社と社会をデザインしなくてはなりません。

ただ、相手が男性だったらいくら叩いてもよいというのもまた違和感を覚えるわけです。とくに、中高年の男性、いわゆるおじさん、おっさんを過度にいじるのもいかがなものかと。おじさんが、空港で思わず写真を撮る様子を「エアポートおじさん」と言ったり、男女関係なく使う表現を「おじさん構文」と呼んだりするこの状況は差別を容認しています。いや、空港ではもちろん飛行機や出発案内をバックに写真を撮りSNS投稿しますけどね。もっと愛のある言葉で呼ばれたいです。どうすればみんながもっと気持ちよく生きられるか。不謹慎、不適切狩りを超えて、考えたいです。この本がそのきっかけになることを祈っています。

私たちがＳＭＡＰが歌う「世界に一つだけの花」だったら、争わなくても、頑張らなくても、そこにいるだけで、咲いているだけで素晴らしいのでしょう。でも、ときに踏まれたりするし、日光や水が足りないこともある。では、どうすればいいのか。頑張るしかない？　結局、私たちは自己責任論から逃げられないのでしょうか？　でも、自分一人で抱え込まずに、助けてもらう勇気、弱音を吐く覚悟も大事にしたいです。50代の強みは、同年代の仲間がたくさんいることです。ＳＭＡＰが「しようよ」という曲で「気持ち素直に伝えよう正直に とにかく何でも隠さずに 話をしようよ」と歌ったように。

それぞれ個性が違うけれど、お互いを認め合い、自由にふるまうＳＭＡＰの空気感が好きでした。小さな違いを尊重しつつ、大きな同じを確認する、そんなＳＡＭＰ的な何かを社会に取り戻せると信じています。悲しいこと、ガッカリすることもあったけれど、ＳＭＡＰが再結集して「夜空ノムコウ」を歌ってくれる日を夢見ています。そのとき、キムタクが、枯れた自分をさらけ出してくれたら、きっと泣くだろうなあ。この本が、ＳＭＡＰのメンバーの誰かが読んでくれて同世代対談ができたらいいなと思っています。夢しか実現しないいんですから。

50代上等！　さあ、新しい地図を広げましょう。

２０２４年９月　書斎にて　常見陽平

ＳＭＡＰの「オリジナルスマイル」を聴きながら

【著者】
常見陽平（つねみ ようへい）
1974年生まれ。一橋大学商学部卒業。同大学大学院社会学研究科修士課程修了。リクルート、バンダイ、コンサルティング会社、フリーランス活動を経て2015年４月より千葉商科大学国際教養学部専任講師、20年４月より准教授。いしかわUIターン応援団長、評論家、社会格闘家としても活動中。著書に『なぜ、残業はなくならないのか』（祥伝社新書）、『リクルートという幻想』（中公新書ラクレ）、『「できる人」という幻想――４つの強迫観念を乗り越える』（NHK出版新書）、『僕たちはガンダムのジムである』（日経ビジネス人文庫）、『「意識高い系」という病――ソーシャル時代にはびこるバカヤロー』（ベスト新書）などがある。

平凡社新書１０７０

50代上等！
理不尽なことは「週刊少年ジャンプ」から学んだ

発行日――2024年11月15日　初版第１刷

著者――常見陽平
発行者――下中順平
発行所――株式会社平凡社
〒101-0051　東京都千代田区神田神保町3-29
電話　(03) 3230-6573［営業］
ホームページ　https://www.heibonsha.co.jp/
印刷・製本―TOPPANクロレ株式会社
装幀――菊地信義


ISBN978-4-582-86070-2